GPT-4o +
딥시크 실습 가능
GPTs 만들기

이게 되네?

챗GPT

미친 크롤링 24제

저자 **박현규**

KB199244

정말 쉬운 웹 크롤링 세계에 오신 것을 환영합니다

첫 직장에서 경쟁 상품 정보를 조사하라는 업무를 맡으면서 웹 크롤링에 관심을 갖게 되었습니다. 그날은 거진 하루 종일 판매 사이트에 접속해서 상품 이름, 가격, 사양을 복사하여 엑셀에 입력하는 반복 작업을 경험했죠. 600~1,000개의 정보를 주기적으로 정리하는 과정은 큰 불편함으로 다가왔습니다. 이런 반복 작업을 자동으로 해결하고 싶다는 생각에 파이썬을 공부하며 간단한 정보 수집 코드를 작성하기 시작했습니다. 아마 이 책을 펼친 여러분도 비슷한 불편함을 겪어보셨을 것이라 생각합니다.

이런 이야기를 들으면, 웹 크롤링을 하려면 반드시 프로그래밍을 배워야 하는 건 아닐까 하는 생각이 들 수 있습니다. 과거에는 "공부를 해야 만들 수 있습니다."라는 답변이 정설이었지만, 상황이 달라졌습니다. 챗GPT와 같은 유용한 도구가 등장하면서 프로그래밍 접근 방식이 크게 변화했기 때문이죠.

최근 유행하는 '바이브 코딩'은 사람의 언어로 프로그램을 만드는 방식을 의미합니다. 예전에는 C, 자바, 파이썬 등의 문법을 배우며 프로그램을 작성했지만, 이제는 "이런 OOO 프로그램 만들어 봐"라는 간단한 지시만으로도 꽤 복잡한 동작을 구현할 수 있습니다. 물론 전문 개발자의 지식이 필요한 경우도 있지만, 일상에 필요한 프로그램은 전문 지식 없이도 누구나 어렵지 않게 만들 수 있게 되었습니다.

이 책은 이런 흐름을 받아들여 챗GPT나 딥시크와 같은 서비스를 통해 웹 크롤링 프로그램을 프롬프팅만으로 쉽게 만듭니다. 프로그래밍을 가르치려는 목적이 아니므로 코드 설명 내용은 한 줄도 넣지 않았습니다. 변수나 반복문 같은 구체적인 내용은 아예 없으며, 대신 프롬프팅에 꼭 필요한 프로그래밍 지식을 반복 설명하여 자연스럽게 이해할 수 있도록 했습니다. 이제는 정말 웹 크롤링 프로그램을 5분 정도면 쉽게 만들 수 있을 것입니다. 반복 수집 업무에 들이는 시간을 줄이고 더 중요한 일에 집중하고 싶은 여러분에게 이 책이 조금이라도 도움이 되었으면 합니다.

2025년 3월 박현규

현대 사회의 원유와도 같은 데이터 채굴권은 원래 개발자에게만 허락됐었다. 하지만 이 책은 마케터, 연구자, 심지어 데이터에 전혀 관심이 없던 일반 직장인도 하루 만에 데이터 크롤링이 가능하도록 해 준다. 탄탄한 기본기와 함께 수많은 실전 예제를 제공하니, 웹에서 데이터를 자유롭게 수집하고 싶다면 이 책을 적극 추천한다. 어느 순간 '이게 되네?' 하며, 보이는 모든 정보를 크롤링하는 자신을 발견하게 될 것이다!

최지호, 《Must Have 코드팩토리의 플러터 프로그래밍》 저자

비전공자도 쉽게 따라 할 수 있도록 생성형 AI를 활용해 크롤링 코드를 만들고 실행하는 과정을 차근차근 안내한다. 대화 형식으로 예제를 제시해 실제 활용 상황을 직관적으로 이해할 수 있으며, 업무와 일상에서 바로 적용할 수 있는 실용적인 예제들이 가득하다. 웹 크롤링을 처음 시작하는 사람은 물론, 필요한 데이터를 빠르게 확보하고 싶은 직장인과 학생들에게도 유용한 책이다.

박경록, 《코딩 테스트 합격자 되기 – 파이썬, C++편》 저자

크롤링을 처음 접하는 사람도 쉽게 이해할 수 있도록 웹 브라우저 화면 구조부터 친절하게 설명한 점이 이 책의 첫 번째 강점입니다. 기출문제 다운로드부터 API 활용까지, 실용적인 예제를 통해 다양한 업무에 바로 응용할 수 있게 구성된 점이 두 번째 강점입니다. 소셜 데이터를 분석하는 아내에게 먼저 추천할 만큼 유용하며, 초보자도 부담 없이 웹 크롤링을 시작할 수 있는 책입니다.

송석리, 《모두의 데이터 분석 with 파이썬》 저자

《이게 되네? 챗GPT 미친 크롤링 24제》는 웹 크롤링을 배우고 싶지만 '코딩'이라는 벽에 막힌 초보자도 쉽게 따라 할 수 있도록 챗GPT를 활용한 실습 중심으로 구성된 책입니다. 단순한 코드 나열이 아닌 '왜 이렇게 작동하는가'를 설명해 기초 개념부터 실전 활용까지 자연스럽게 이어집니다. 웹 크롤링의 첫걸음이자, 데이터를 활용해야 하는 마케터, 직장인, 데이터 수집 역량을 키우고 싶은 취업 준비생을 위한 실용적인 가이드가 될 것입니다.

셀레나, 《파이썬 데이터 분석가 되기 + 챗GPT》 저자

골든래빗은 책을 구매하신 독자 여러분을 위해 다양한 학습 지원을 제공합니다. 오픈카톡방, 유튜브 강의, 커뮤니티를 통해 원하는 자료를 다운로드하고 더 쉽게 공부해보세요.

저자 선생님의 오픈카톡방을 활용하세요

책을 봐도, 챗GPT에게 질문해도 어렵다면?! 저자 선생님과 함께 공부해보세요. 이곳에서 책 속의 웹 크롤링 기술뿐만 아니라 실전에서 활용할 수 있는 다양한 팁과 궁금증을 자유롭게 질문하고, 정보를 교류해보세요. 함께 배우면 웹 크롤링, 어렵지 않습니다!

- **오픈카톡방 1번방 URL** : open.kakao.com/o/gBWRpyvg

- **오픈카톡방 2번방 URL** : open.kakao.com/o/g9rMB0dh

유튜브 영상 강의를 활용해보세요

저자 선생님 유튜브 동영상 강의도 있습니다. 영상을 통해 공부하거나 이동하면서 공부하고 싶을 때 유튜브 채널에 방문하여 공부해보세요. 웹 크롤링이 어떠한 과정으로 실행되는지 기초부터 실전까지 영상을 통해 직접 확인할 수 있습니다.

- **유튜브 채널 URL** : youtube.com/@editorp89

✔ 200% 학습 효율을 위한 꿀팁! +

☝ 오류가 발생하면 챗GPT를 이렇게 활용하세요

코드 실행 후 오류가 발생하면 관련하여 오류 메시지가 나타납니다. 처음에 오류 메시지를 만나면 그 내용이 무슨 뜻인지 몰라서 당황하기 쉬운데요. 여러분이 작성한 코드와 오류 메시지를 복사하여 챗GPT에게 질문하면 챗GPT가 이를 쉽게 해결해줍니다. ❶ 챗GPT에게 '코드와 오류를 참고해서', ❷ '틀린 부분을 찾고', ❸ '이유를 설명하라'고 이야기해보세요. ❹ 이때 여러분이 작성한 코드를 그대로 제공하는 것이 가장 중요합니다.

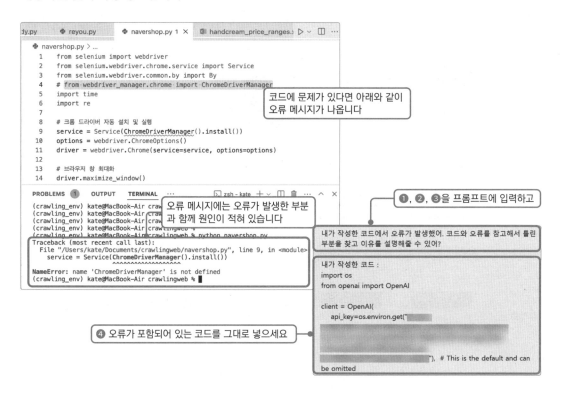

그러면 챗GPT는 코드에서 오류가 발생한 원인에 대해 분석하고 이유를 알려주며, 친절히 수정한 내용까지 알려줍니다. 오류가 왜 발생했는지 아무리 생각해봐도 모르겠다면 챗GPT를 활용해보세요. 분명 좋은 답을 줄 겁니다.

챗GPT에게 설명을 요청하세요

공부하면서 궁금증이 생기면 챗GPT에게 설명을 요청하세요. 예를 들어, '웹사이트에서 제품 정보를 자동으로 가져오는 과정이 궁금해요' 또는 '크롤링할 때 차단되지 않는 방법을 알고 싶어요' 같은 질문을 하면 유용한 설명을 받을 수 있어요!

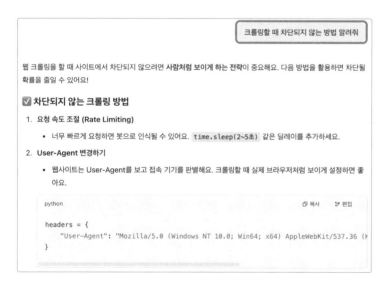

이처럼 잘 이해가 되지 않는 크롤링의 과정이나 예기치 못한 상황에 챗GPT에게 질문함으로써 이해를 돕고 문제를 해결하며 업무에 적극 활용해보세요!

챗GPT 프로젝트 설정하기

챗GPT에 프로젝트라는 기능이 생기면서 원하는 답을 받기가 쉬워졌습니다. 프로젝트 기능은 챗GPT가 특정 지침 안에서 답변할 수 있게 해주고, 프로젝트 내에서 채팅을 모아볼 수 있으므로 매우 편리합니다. 다만 챗GPT는 "파이썬 코드를 생성하라"고 했을 때 가끔은 원치 않게 동작할 때가 있습니다.

예를 들어 챗GPT상에서 파이썬 코드를 바로 실행하려고 하거나, 새로 등장한 캔버스 기능으로 실행할 때가 있죠. 두 기능 모두 유용하지만 이번 책을 공부할 때는 필요하지 않은 기능입니다. 우리는 챗GPT에게 크롤링을 위한 파이썬 코드만 받으면 됩니다. 따라서 챗GPT가 파이썬 코드를 잘 줄 수 있도록 프로젝트 설정을 마친 후 실습을 진행하겠습니다.

01 챗GPT 화면에서 왼쪽의 [프로젝트 → +]를 눌러 프로젝트를 생성합니다. 프로젝트 이름은 자유롭게 만드세요.

02 그런 다음 [지침 추가]를 누르고 다음 내용을 입력합니다. 이렇게 하면 여러분이 입력한 프롬프트에 대해 챗GPT가 파이썬 코드를 임의로 실행하지 않을 것입니다.

> 다음 지침으로만 동작할 것!
> 지침 1 : 절대 파이썬 코드를 챗GPT에서 실행하지 말 것!

03 이렇게 지침을 설정해도 가끔 챗GPT에서 캔버스를 켜서 파이썬 코드를 실행할 때가 있습니다. 캔버스가 다른 일을 할 때는 편하지만 코드 복사 후 붙여넣기(복붙)를 할 때는 그렇게 편하지 않으므로 저는 이 책에서는 추천하지 않습니다. 코드 실행과 캔버스 구동을 완전히 방지하기 위해서는 ❶ [설정 → 개인 맞춤 설정]에서 ❷ [켜짐]을 누른 다음 ❸ [고급]에 있는 ❹ 코드와 캔버스의 체크를 해제하고 [저장]을 누릅니다.

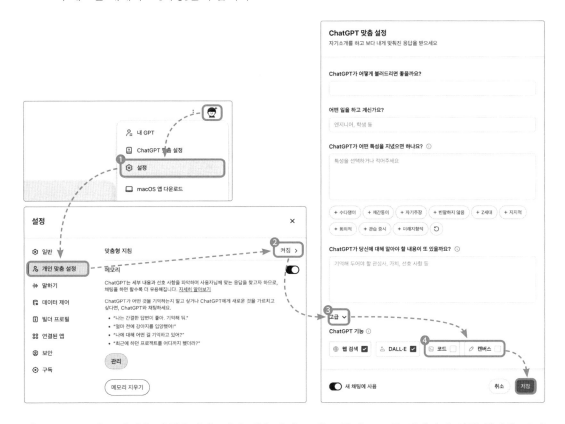

챗GPT 프로젝트 설정을 마쳤습니다. 다음 내용에서는 웹 크롤링 코드를 실행하기 위한 환경을 준비해봅니다.

9

파이썬 설치하기

이 책은 프롬프트로 파이썬 코드를 생성한 다음 크롤링을 수행합니다. 파이썬 코드나 프로그래밍에 대한 지식이 필요하지 않지만 파이썬을 실행할 수는 있어야 합니다. 여기서는 파이썬을 설치하고 실행하는 것이 무엇인지 가볍고 빠르게 필요한 내용만 짚어 안내합니다. 그럼 바로 시작해봅시다.

01 우선 파이썬 공식 홈페이지에 접속해 파이썬 설치 파일을 다운로드합니다. 각자 PC 환경에 맞게 선택하여 파일을 다운로드합니다.

- **파이썬 다운로드 주소** : python.org/downloads

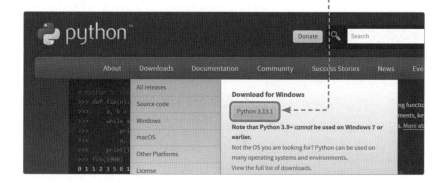

02 설치를 완료했다면 파일을 실행해 파이썬을 설치합니다. 주의할 점은 아래쪽에 있는 체크 박스를 모두 체크하는 겁니다. 나머지 설치는 [Next] 버튼을 눌러 진행하여 마무리하세요.

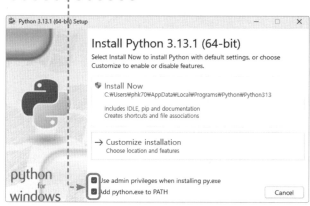

03 파이썬 설치가 잘되었는지 확인하기 위해 다음 과정을 수행합시다. ❶ 윈도우 검색에서 '명령 프롬프트'를 검색합니다. ❷ 그런 다음 '명령 프롬프트'를 실행합니다. ❸ 그리고 명령 프롬프트 에서 python --version을 입력하고 **Enter** 를 누릅니다. ❹ Python 3.12.4와 같은 버전이 보이면 성공입니다!

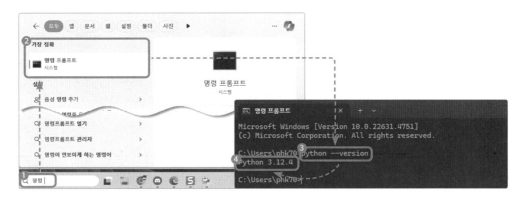

04 그러면 독자 제공용 파일 폴더에서 requirements.txt라는 것을 다운로드한 후 명령 프롬프트에 보이는 위치인 C:\Users\phk70까지 파일 탐색기를 이용해 해당 파일을 위치시킵니다. 명령 프롬프트는 종료하지 말고 그대로 두세요.

- **requirements.txt 다운로드 주소** : bit.ly/4hcUlBc

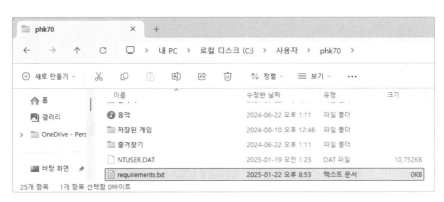

05 그런 다음 명령 프롬프트에서 pip install -r requirements.txt를 입력하세요. 그러면 설치 과정이 알아서 진행됩니다. 끝날 때까지 기다리면 됩니다.

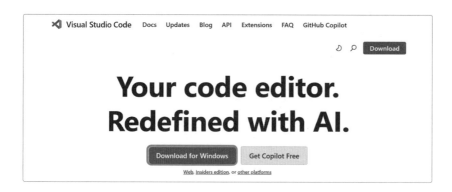

 편집기 설치하고 파이썬 코드 작성 + 실행하기

챗GPT에게 받은 코드를 작성하고 실행하려면 편집기라는 것이 필요합니다. 이 책은 초보자도 쉽게 사용할 수 있는 비주얼 스튜디오 코드를 설치하겠습니다. 그리고 비주얼 스튜디오 코드에서 간단한 파이썬 코드를 작성하고 실행해봅니다.

01 비주얼 스튜디오 코드 공식 홈페이지에 접속해 [Download] 버튼을 눌러 자신의 운영체제에 맞는 설치 파일을 다운로드합니다.

- **비주얼 스튜디오 코드 홈페이지** : code.visualstudio.com

02 다운로드한 파일을 실행해 설치 과정을 따라 진행하세요. 특별한 설정이 필요하지 않으니 기본 설정으로 설치하면 됩니다.

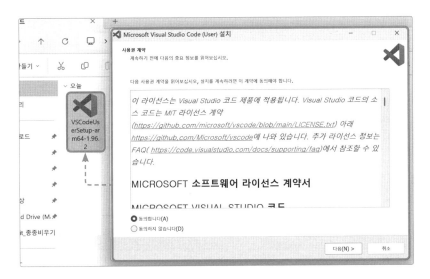

03 설치가 끝나면 비주얼 스튜디오 코드를 실행하고 ❶ 화면 왼쪽의 [🔲 확장 프로그램 Extensions] 아이콘을 클릭합니다. ❷ 검색창에 'Python'을 입력하고, 항목 중 Microsoft에서 제공하는 'Python' 확장 프로그램의 ❸ [Install] 버튼을 눌러 설치하세요. 이 확장 프로그램은 파이썬 코드를 작성하고 실행하는 데 필요한 기능을 추가해줍니다.

04 이제 컴퓨터에 설치된 파이썬과 비주얼 스튜디오 코드를 연결하겠습니다. ❶ `Ctrl + Shift + P` 를 눌러 명령어 입력창을 열고 ❷ 'Python: Select Interpreter' 명령어를 검색해 클릭한 뒤 ❸ 설치한 파이썬 버전을 선택합니다.

05 이제 간단한 파이썬 파일을 만들고 실행해봅시다. 비주얼 스튜디오 코드를 실행하고 화면 왼쪽 메뉴에서 [File → Open Folder]를 클릭하고 폴더를 선택한 다음 [폴더 선택]을 누릅니다.

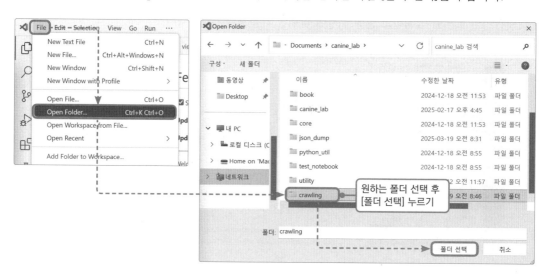

06 그러면 선택한 폴더가 작업 폴더로 지정되고, 이 폴더에 크롤링 코드를 작성하기 위한 파일을 만들고 저장할 수 있습니다. ❶ 🗋 버튼을 눌러 첫 번째 파이썬 파일을 만들어보세요. ❷ 이때 파일 이름을 짓고 .py라는 확장자도 반드시 입력해야 합니다.

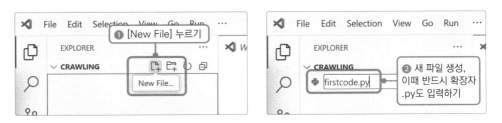

07 ❶ 다음과 같이 코드를 작성해봅니다. 그런 다음 ❷ `Ctrl + S`를 눌러서 파일을 저장하세요. 그리고 ❸ ▷ 버튼을 눌러 코드를 실행합니다. ❹ 코드 실행 결과가 나오면 성공입니다.

✋ 크롤링 FAQ

웹 크롤링 행위는 불법인지, 또 크롤링과 스크레이핑은 뭐가 다른지 다양한 궁금증이 있을 겁니다. 처음 크롤링을 배우려 할 때 한 번쯤은 떠오르는 질문들, 지금부터 속 시원히 풀어드립니다!

Q1 웹 크롤링을 하면 법적인 문제가 있나요?

네, 있습니다. 웹 크롤링은 누군가 만든 데이터를 가져오는 행위이므로 데이터 소유권에 대한 문제가 있습니다. 그래서 웹 크롤링은 학습이나 개인적인 용도로만 사용할 것을 추천하며, 대부분의 웹사이트에는 robots.txt라는 파일을 조회할 수 있도록 되어 있습니다. robots.txt는 웹 크롤러 프로그램에 대해 허용하는 것과 허용하지 않는 것에 대한 지침을 적어 놓은 파일입니다. 일종의 크롤링에 대한 윤리를 적어 놓은 문서라고 할 수 있죠. 그래서 웹 크롤링을 하기 전에는 이 파일을 반드시 살펴볼 것을 추천합니다. 그럼 robots.txt 파일이 어떻게 생겼는지 구글의 robots.txt 파일을 가지고 살펴봅시다.

01 구글 웹사이트 주소 끝에 robots.txt를 붙여 접속하면 해당 파일을 볼 수 있습니다. google.com/robots.txt에 접속해보세요. 그럼 굉장히 많은 텍스트가 보입니다. 이 뜻을 여러분이 다 알 필요는 없습니다.

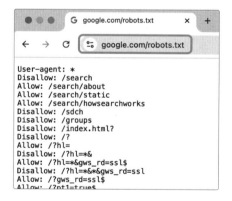

02 왜냐하면 요즘은 챗GPT가 이런 내용을 다 해석해주기 때문이죠. 이 파일을 그대로 복사해 챗GPT에게 어떤 의미를 가지는지 물어보면 쉽게 알 수 있습니다.

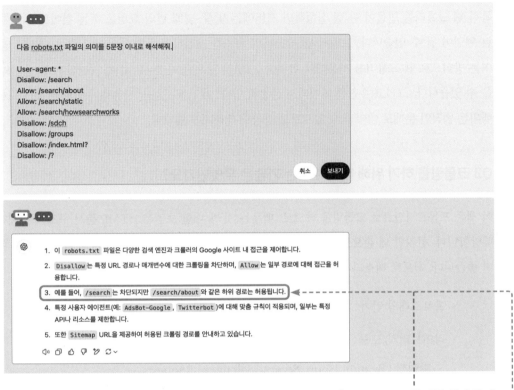

다음 robots.txt 파일의 의미를 5문장 이내로 해석해줘.

User-agent: *
Disallow: /search
Allow: /search/about
Allow: /search/static
Allow: /search/howsearchworks
Disallow: /sdch
Disallow: /groups
Disallow: /index.html?
Disallow: /?

취소   보내기

1. 이 `robots.txt` 파일은 다양한 검색 엔진과 크롤러의 Google 사이트 내 접근을 제어합니다.
2. `Disallow`는 특정 URL 경로나 매개변수에 대한 크롤링을 차단하며, `Allow`는 일부 경로에 대해 접근을 허용합니다.
3. 예를 들어, `/search`는 차단되지만 `/search/about`와 같은 하위 경로는 허용됩니다.
4. 특정 사용자 에이전트(예: `AdsBot-Google`, `Twitterbot`)에 대해 맞춤 규칙이 적용되며, 일부는 특정 API나 리소스를 제한합니다.
5. 또한 `Sitemap` URL을 제공하여 허용된 크롤링 경로를 안내하고 있습니다.

결과를 보면 항목 3에서 이야기하는 것처럼 '주소 중에 google.com/search는 크롤러를 차단합니다'라고 되어 있습니다. 하지만 'google.com/search/about에서는 크롤러를 허용한다'고 하네요. 이처럼 허용하는 것과 그렇지 않은 것을 구분하고 있으므로 이것을 확인한 후에 크롤링을 수행하도록 합시다.

Q2 개인적인 학습 용도로 사용하면 괜찮나요?

대부분의 경우 괜찮지만, 다음을 고려해 사용하기 바랍니다.

- 서버에 과도한 부하를 줄 것이라 예상이 될 때는 부하를 줄일 방법을 미리 생각하기 바랍니다.
- 수집한 데이터가 노출되지 않도록 유의하기 바랍니다.

특히 웹 크롤러를 만들어 한 번 실행하면 서버에는 몇십~몇백 번의 요청을 하는 것이므로 부하를 주는 원인이 될 수 있습니다. 그래서 웹 크롤러의 속도를 조절하거나 한 번에 수집하는 데이터 양을 줄이는 방식으로 웹 크롤러를 사용해야 합니다. 그렇지 않으면 여러분의 IP가 차단되는 등 불이익을 받을 수 있습니다. 그리고 수집한 데이터는 온전히 학습, 개인 용도로만 사용해야 하지 이것을 노출하는 행위는 법적인 문제로 이어질 수 있으므로 항상 유의하기 바랍니다.

Q3 크롤링을 하기 위해 배워야 하는 기술은 무엇인가요?

이 책은 프롬프팅만으로 크롤링을 하므로 '배우는 것'에 대한 초점은 HTML 문서 구조의 이해까지만 해당합니다. 하지만 내 손으로 직접 크롤링 코드를 만들고 싶다면 다음 언어와 기술을 제대로 배워보면 좋습니다. 책으로 해소되지 않는 갈증은 결국 언어와 기술 학습을 통해 해결해야 합니다.

- 프로그래밍 언어 : 파이썬, 자바, 자바스크립트 등
- 라이브러리/도구
  - 파이썬 : BeautifulSoup, Scrapy, Selenium, Requests
  - 자바스크립트 : Puppeteer, Cheerio

이 책에서는 파이썬으로 크롤링 코드를 구현하도록 프롬프팅을 하므로 파이썬 관련 라이브러리를 사용합니다.

Q4 크롤링과 스크레이핑은 어떻게 다른가요?

사실 크롤링은 엄밀히 말하자면 복잡한 개념인데 이 책은 그냥 웹사이트에서 정보를 가져오는 행위를 크롤링이라고 칭하고 있습니다. 그러나 크롤링은 스크레이핑과 구분해야 하는 개념입니다. 간단히 둘을 설명하자면 다음과 같습니다.

- 크롤링 : 웹사이트를 탐색하며 URL, 링크 등을 수집하는 과정입니다.
- 스크레이핑 : 특정 웹페이지에서 원하는 데이터를 추출하는 작업을 의미합니다.

아마도 여러분이 실제로 원했던 것은 스크레이핑일 가능성이 높습니다. 하지만 용어가 혼재되어 사용되고 있고, '크롤링'이라는 단어가 일반적으로 데이터 추출 작업이라고 떠올리는 행위와 맞닿아 있기 때문에, 이 책에서는 '크롤링' 또는 '웹 크롤링'이라는 표현을 사용하겠습니다.

🖐 딥시크 FAQ

2025년 1월 딥시크의 등장은 많은 사람의 주목을 받고 있습니다. 딥시크는 웹사이트에 접속해서 구글 로그인 또는 회원가입 후 이용할 수 있습니다.

- **딥시크 홈페이지** : deepseek.com

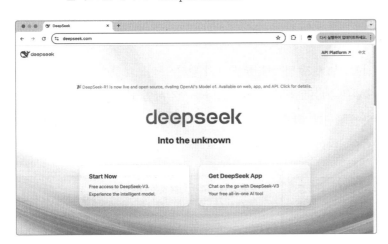

Q1 딥시크는 요금제가 어떻게 되나요?

2025년 1월 현재 딥시크의 채팅 서비스는 별도의 요금제가 없는 상태이며, API 활용에서만 요금제를 책정하고 있습니다. 쉽게 말해 GPT-4o 모델을 기반으로 한 채팅 서비스인 챗GPT는 유료인 반면, GPT-4o 모델과 비슷한 성능을 가진 딥시크-챗deepseek-chat 모델을 기반으로 한 채팅 서비스인 딥시크는 무료입니다. 다음 주소에 접속하면 딥시크의 가격 정책을 볼 수 있습니다.

• **딥시크 가격 정책** : api-docs.deepseek.com/quick_start/pricing

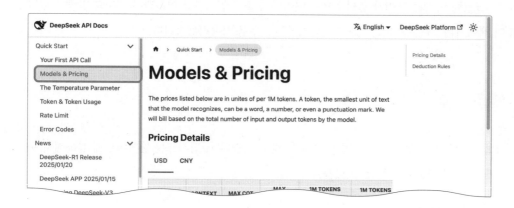

Q2 딥시크의 성능은 어떤가요?

가격 정책을 보면 알 수 있듯이 딥시크는 현재 딥시크-챗 모델과 딥시크-리즈너^{deepseek-reasoner} 모델을 제공하고 있습니다. 딥시크-챗 모델은 챗GPT의 GPT-4o 모델을 생각하면 되고, 딥시크-리즈너 모델은 챗GPT의 o1 모델을 생각하면 됩니다. 앞으로 이 책에서 자주 사용할 모델은 딥시크-챗이므로 딥시크-챗에 집중해서 이야기하겠습니다.

모델	콘텍스트 길이	최대 입력 토큰	최대 출력 토큰	1M 토큰 입력 가격 (캐시 히트)	1M 토큰 입력 가격 (캐시 미스)	1M 토큰 출력 가격
deepseek-chat	64K	-	8K	$0.07	$0.27	$1.10
deepseek-reasoner	64K	32K	8K	$0.14	$0.55	$2.19

딥시크-챗 모델은 현재 최대 64,000개의 콘텍스트 길이^{context length}를 허용하고 있습니다. 콘텍스트 길이란 자연어 처리 모델, 즉 챗GPT의 GPT-4o나 딥시크의 딥시크-챗이 처리할 수 있는 최대 토큰 수를 의미합니다.

토큰은 챗GPT가 유행하면서 이제는 흔하게 쓰이는 개념이 되었는데, 쉽게 말해 모델이 이해할 수 있는 최소 단위의 문자를 이야기합니다. 더 쉽게 말하자면 영어 단어는 약 1.3개의 토큰으로 구성하는

데, 64,000개(64k)의 토큰을 한 번에 처리할 수 있다는 건 약 49,000개의 영어 단어를 처리할 수 있음을 의미합니다. 한글 토큰은 단어당 평균 2~3개로 구성하며, 2~30,000개의 단어를 처리할 수 있습니다.

최대 입력 토큰은 입력할 수 있는 텍스트의 길이를 의미하고, **최대 출력 토큰**은 출력할 수 있는 텍스트의 길이를 의미합니다. 만약 코드로 딥시크 API에 접근해 텍스트를 입력하고, 출력해야 한다면 이 가격표를 참고하면 됩니다. 정리하자면 우리가 알아야 할 건 딥시크는 챗GPT와 비슷하게 다음 2가지 모델을 제공한다는 겁니다.

- 딥시크-챗 모델 : 챗GPT의 GPT-4o 모델과 비슷
- 딥시크-리즈너 모델 : 챗GPT의 o1 모델과 비슷

Q3 딥시크는 유료가 아닌가요? 요금제에 요금이 표시되는데요?

가격이 책정되어 있는 것처럼 보이는 오른쪽 3개의 열은 무엇을 의미할까요? 저건 현재 딥시크-챗이나 딥시크-리즈너 모델을 API로 사용할 때의 가격을 의미합니다. API로 모델을 사용한다는 건 쉽게 말해 코드상에서 딥시크 모델을 사용하는 것을 의미합니다. 여러분이 앞으로 딥시크에서 채팅으로 질문과 답변을 주고받는 것과는 완전히 별개의 가격 책정(개발자용)이라고 생각하면 됩니다.

캐시 히트, 캐시 미스가 뭐죠?

캐시란 어떤 계산을 한 적이 있을 때 이것을 기억해두었다가 다시 사용해 더 빠른 계산을 하는 개념입니다. 딥시크-챗 모델이나 딥시크-리즈너 모델이 캐시를 활용해서 답변을 생성하면 캐시 히트, 캐시를 활용하지 못하고 답변을 생성하면 캐시 미스라고 합니다. 쉽게 말해 캐시 히트를 하면 이미 처리했던 답변을 기반으로 더 빠르고 효율적인 답변을 생성하므로 비교적 가격이 저렴합니다. 아무튼 이것도 API로 딥시크-챗 모델이나 딥시크-리즈너 모델에 접근했을 때의 이야기이므로 우리는 크게 신경 쓰지 않아도 됩니다.

Q4 딥시크는 중국에서 만든 거라 좀 위험한 거 아닐까요?

25년 1월 현재 딥시크의 등장으로 전 세계가 떠들썩합니다. 그리고 중국이 만든 프로그램이라 아무래도 보안과 관련한 이야기가 많은데요. 공식적으로 딥시크가 작성한 공지사항을 읽어보면 타 기업과 비슷한 수준으로 정보를 수집한다고 적혀 있지만, 어떻게 정보를 수집하고 저장하는지 좀 더 상세히 확인해봅시다. 딥시크의 개인 정보 정책^{Privacy Policy}을 읽어볼까요?

- **딥시크 개인 정보 정책** : bit.ly/40Unn2H

> **NOTE** 결론부터 말하자면 딥시크의 정보는 중화인민공화국 서버에 저장한다는 공식 문서 설명이 있기 때문에 민감한 정보를 다루기 위한 용도로는 알맞지 않습니다.

딥시크의 개인 정보 정책 일부 살펴보기

스크롤을 내리면 'What Information We Collect'라는 항목이 있습니다. 딥시크에서 어떤 정보를 위주로 수집하는지 확인할 필요가 있습니다. 다음은 딥시크의 개인 정보 정책에 대한 일부 내용으로 어떤 내용이 있는지 살펴봅시다.

딥시크의 개인 정보 정책의 일부 : 사용자 정보 수집 건

- When you create an account, input content, contact us directly, or otherwise use the Services, you may provide some or all of the following information:
  → 계정을 생성하거나 콘텐츠를 입력하고, 저희에게 직접 연락하거나, 서비스를 이용할 때 다음과 같은 정보를 일부 또는 전부 제공할 수 있습니다:

- Profile information. We collect information that you provide when you set up an account, such as your date of birth (where applicable), username, email address and/or telephone number, and password.
  → 프로필 정보 : 계정을 설정할 때 제공하는 정보를 수집합니다. 예를 들어 생년월일, 사용

자 이름, 이메일 주소 및/또는 전화번호, 비밀번호 등이 포함됩니다.

- User Input. When you use our Services, we may collect your text or audio input, prompt, uploaded files, feedback, chat history, or other content that you provide to our model and Services.

  → 사용자 입력 : 서비스 이용 시 텍스트 또는 음성 입력, 프롬프트, 업로드한 파일, 피드백, 채팅 기록 또는 모델 및 서비스에 제공한 기타 콘텐츠를 수집할 수 있습니다.

이 내용을 요약하자면 딥시크에 가입하면 여러분의 웹, 앱 정보를 수집하고, 여러분의 입력(텍스트, 음성, 파일 등 모든 것)을 기록하겠다는 겁니다. 그런데 이 내용은 챗GPT 개인 정보 정책과 비슷하므로 큰 문제가 될 것 같지는 않네요. 실제로 챗GPT의 개인 정보 정책을 읽어보면 비슷한 내용이 있습니다.

챗GPT의 개인 정보 정책의 일부 : 사용자 정보 수집 건

- 계정 정보 : 귀하가 오픈AI^{OpenAI}에 계정을 생성할 때, 오픈AI는 귀하의 성명, 연락처, 계정 자격 증명, 생년월일, 결제 정보 및 거래 내역을 포함해 귀하의 계정과 관련된 정보를 수집합니다.

- 이용자 콘텐츠 : 오픈AI는 귀하가 사용하는 기능에 따라 파일, 이미지 및 오디오 등 프롬프트 및 귀하가 업로드하는 기타 콘텐츠를 포함해 귀하가 서비스에 입력하는 개인 정보("콘텐츠")를 수집합니다.

여기서 잠깐, 확인하고 넘어갈 딥시크의 특이한 개인 정보 처리 방식이 있습니다.

딥시크의 개인 정보 정책의 일부 : 기술 정보 수집 건

- Technical Information. We collect certain device and network connection information when you access the Service. This information includes your device model, operating system, keystroke patterns or rhythms, ...생략...

→ 기술 정보. 서비스에 접속할 때 특정 기기 및 네트워크 연결 정보를 수집합니다. 여기에는 기기 모델, 운영체제, 키 입력 패턴 또는 리듬, ...생략...

기기 모델명이나 IP 주소 등은 챗GPT에서도 모두 수집하는 내용이라 비슷하지만 키 입력 패턴 또는 리듬을 수집하는 것은 조금 특이하네요.

딥시크에서 수집한 정보는 어디에 저장될까요?

하지만 무엇보다 중요한 건 이 데이터가 저장되는 곳이겠죠? 항목을 더 읽어보면 다음 내용이 있습니다.

- The personal information we collect from you may be stored on a server located outside of the country where you live. We store the information we collect in secure servers located in the People's Republic of China.
  → 귀하로부터 수집한 개인 정보는 거주 국가 외부에 위치한 서버에 저장될 수 있습니다. 수집된 정보는 중화인민공화국에 위치한 안전한 서버에 저장됩니다.

아무래도 중화인민공화국 서버에 데이터가 저장된다는 것은 꺼림칙할 수 있습니다. 따라서 딥시크에서 수집하는 정보는 챗GPT와 크게 다른 점은 없지만 데이터가 중화인민공화국 서버에 저장되므로 데이터가 안전하게 보관된다고 기대하긴 어렵겠네요. 섣불리 '딥시크를 사용하면 위험하다'라고 이야기할 수는 없겠지만, 데이터가 중국 서버에 저장된다는 점은 인지하고 사용하는 것이 좋겠습니다.

Q5 이 책은 그럼 뭘로 실습하면 되죠?

기본적으로 이 책은 챗GPT를 유료 결제하여 실습하는 것을 기준으로 하고 있으므로 챗GPT로 실습할 것을 권장합니다. 딥시크는 현재 챗GPT의 기본 기능만 제공하는 상태입니다. 챗GPT처럼 프로젝트나 챗GPT 맞춤 설정, 작업 만들기(베타), 내 GPT와 같은 기능은 제공하지 않고 있기 때문에 유용한 실습을 시도하기에는 25년 1월 기준으로는 아직 부족합니다.

▼ 챗GPT 화면

아마 딥시크의 현재 생김새로 볼 때는 결국 비슷한 기능이 하나씩 추가될 것으로 예상되지만 집필하는 시점에는 챗GPT의 추가 서비스가 딥시크에는 없습니다. 그러므로 책의 후반부에서 소개하는 유용한 실습은 현재 딥시크로는 할 수 없는 점을 유의하기 바랍니다.

▼ 딥시크 화면

결론은 데이터를 수집해서 의미 있게 써 보는 다양한 실습을 해보고 싶다면 챗GPT 유료 결제를 하고 실습을 진행하기 바랍니다. 유료 결제를 하기 전에 우선 실습이 잘되는지 확인하고 싶다면 챗GPT의 성능을 가진 딥시크를 무료로 써 봐도 됩니다. 다만 딥시크를 사용할 분들을 위해 저는 이 책의 모든 실습을 챗GPT와 딥시크로 실습해 검증했습니다.

실습 검증이 완료된 것을 다음과 같이 [챗GPT], [딥시크] 아이콘으로 표시했습니다.

✓ Contents +

API로 데이터 수집! 기초 사용부터 실전 활용까지

내가 작성한 크롤링 코드! 매일 실행하려면?

웹 크롤링 빡세게
연습하기

먼저 챗GPT와 함께 웹 크롤링의 기초를 연습해봅시다. 여기서는 'Quotes to Scrape'라는 웹 크롤링 연습 전용 사이트를 활용하여 기본 개념을 익힙니다. 또한 PART 01 '웹 크롤링 빡세게 연습하기'의 내용은 이후에 나올 모든 프롬프트와 실습의 기반이 되므로, 꼼꼼하게 학습하고 충분히 이해한 후 넘어가기 바랍니다.

## Chapter 01

정말 코드를 몰라도
웹 크롤링을 할 수 있을까?

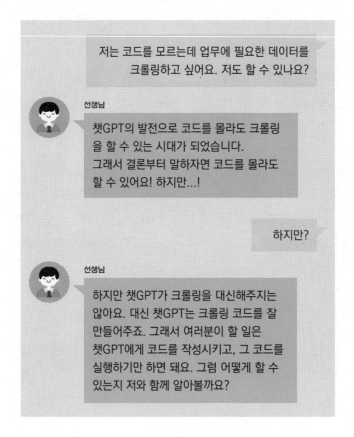

> 저는 코드를 모르는데 업무에 필요한 데이터를 크롤링하고 싶어요. 저도 할 수 있나요?

선생님
챗GPT의 발전으로 코드를 몰라도 크롤링을 할 수 있는 시대가 되었습니다.
그래서 결론부터 말하자면 코드를 몰라도 할 수 있어요! 하지만...!

> 하지만?

선생님
하지만 챗GPT가 크롤링을 대신해주지는 않아요. 대신 챗GPT는 크롤링 코드를 잘 만들어주죠. 그래서 여러분이 할 일은 챗GPT에게 코드를 작성시키고, 그 코드를 실행하기만 하면 돼요. 그럼 어떻게 할 수 있는지 저와 함께 알아볼까요?

정말 코드를 1도 몰라도 웹 크롤링을 할 수 있을까요? 챗GPT가 없던 시절에 저는 "그렇지 않다."라고 이야기했습니다. 하지만 지금은 상황이 다릅니다. 챗GPT가 있으니까요. 단, 챗GPT에게 일을 시키기 위한 배경 지식은 반드시 알아야 합니다. 여기서는 챗GPT와 함께 웹 크롤링을 하기 위해 꼭 필요한 배경 지식과 몇 가지 오해를 걷어내봅시다.

챗GPT에서 웹 크롤링을 할 수 있나요?

01 결론부터 말하자면 챗GPT에서 웹 크롤링은 할 수 없습니다. 왜 일까요? 챗GPT는 웹 검색도 잘하는데, 웹 크롤링을 할 수 있지 않을까요? 챗GPT에게 이렇게 질문해봅시다.

02 그러면 챗GPT는 다음과 같이 '실시간 업데이트 특성을 가진 데이터는 알려줄 수 없다'라고 이야기합니다. 즉, 챗GPT의 웹 검색으로도 최신 데이터를 가져올 수 없습니다.

> **NOTE** 간혹 가져오는 경우도 있지만 '주간' 데이터를 가져와 알려주고, 이것도 다시 요청하면 그럴 수 없다고 답합니다.

죄송하지만, 현재 제공된 검색 결과로는 멜론 차트 TOP100의 1위부터 100위까지의 곡 이름을 확인할 수 없습니다. 이러한 실시간 차트 정보는 멜론의 공식 웹사이트에서 확인하실 수 있습니다. 멜론은 실시간 차트, 최신 음악, 음악 장르 등 다양한 서비스를 제공하며, 이러한 서비스는 멜론의 공식 웹사이트나 모바일 앱을 통해 이용하실 수 있습니다.

faqs2.melon.com +3

또한, 멜론의 차트 순위는 최근 24시간과 1시간의 이용량을 반영하여 집계되며, 스트리밍 40%와 다운로드 60%의 비율로 순위가 결정됩니다. faqs2.melon.com +1

최신 멜론 차트 TOP100을 확인하시려면 멜론의 공식 웹사이트를 방문하시거나 모바일 앱을 통해 확인하시는 것을 권장드립니다.

03 다른 경우도 마찬가지입니다. 네이버 증권에서 어제 가격이 가장 많이 오른 주식 10개를 알려달라 해도 '확인할 수 없다'라고 답합니다.

> 네이버 증권에서 어제 가격이 가장 많이 오른 주식 10개만 알려줘

죄송합니다만, 현재 네이버 증권에서 어제 가격이 가장 많이 오른 주식 10개에 대한 정보를 확인할 수 없습니다. 하지만, 네이버 증권 웹사이트에서 직접 이러한 정보를 확인하실 수 있습니다. 다음은 그 방법입니다:

1. 네이버 증권 웹사이트에 접속하세요.

2. 상단 메뉴에서 '국내증시'를 클릭한 후, '코스피' 또는 '코스닥'을 선택하세요.

3. 해당 페이지에서 '상승' 탭을 선택하시면, 어제 가격이 가장 많이 오른 주식들을 확인하실 수 있습니다.

이러한 방법으로 원하는 정보를 얻으실 수 있을 것입니다.

출처

아마 챗GPT가 가장 많이 받는 오해 중 하나일 겁니다. 챗GPT가 워낙 뛰어나서 '챗GPT에서 이것저것 다 할 수 있으니... 웹 크롤링도 할 수 있지 않을까?'라는 오해를 하는 것이죠. 하지만 챗GPT는 '데이터 수집을 잘하는 인공지능'이 아닌 '텍스트 생성을 잘하는 인공지능'입니다. 챗GPT의 검색 기능도 결국은 웹 검색을 통해 얻은 정보를 이용해 다시 텍스트를 생성하는 것이므로 정확하다고 할 수 없습니다.

결론은 챗GPT 서비스 자체로는 웹 크롤링을 만족스럽게 할 수 없습니다. 하지만 챗GPT의 '텍스트 생성을 잘한다'라는 특징이 점점 발전하여 '코드 생성을 잘한다'라는 특징도 생겼습니다. 우리는 바로 이 점을 이용해서 웹 크롤링을 할 것입니다.

이 책에서 챗GPT로 웹 크롤링을 하는 방법 4단계!

챗GPT에서 웹 크롤링은 할 수 없지만 웹 크롤링 코드를 생성할 수 있군요. 그러면 어떻게 해야 할까요? 이 책은 다음과 같은 과정으로 코드 작성에 1도 힘을 들이지 않습니다. 챗GPT만을 활용하여 4단계로 웹 크롤링을 수행합니다.

1. 내가 수집하고자 하는 데이터가 있는 사이트에서 그 데이터의 위치를 알아낸다.

2. 챗GPT에게 사이트, 데이터의 위치를 알려주면서 '크롤링하기 위한 코드를 달라'고 한다.

3. 코드를 복붙한다.

4. 코드를 실행한다.

01 정말 그런지 눈으로 실습을 따라와봅시다. 다음은 구글 사이트의 로고를 수집하기 위해 로고 위치를 살펴보는 모습입니다.

우리는 눈으로 '화면 가운데에 로고가 있어'라고 생각합니다. 하지만 컴퓨터는 그렇게 설명하면 이해하지 못합니다. 로고의 위치를 명확하게 지칭할 수 있는 기준은 무엇일까요? 그것은 바로 요소의 위치입니다. 다음 그림과 같이 우리가 실제 화면에서 보는 웹사이트(왼쪽)는 HTML이라는 코드(오른쪽)로 구성되어 있습니다.

02 이 HTML 코드가 시각적으로 해석되어 웹사이트를 구성하는 것이죠. HTML 코드를 구성하는 작은 단위를 요소라고 부릅니다. 로고도 요소고, 검색창도 요소입니다. 그래서 요소의 위치를 지칭해야 웹 크롤링을 할 수 있습니다. 예를 들어 구글 메인 페이지에서 로고의 위치는 다음과 같이 이야기할 수 있습니다.

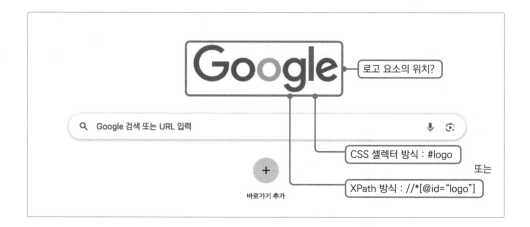

요소의 위치를 가리키는 방법은 그림에서 이야기하는 CSS 셀렉터, XPath 방식 외에도 다양한 방법이 있지만, 두 방식을 많이 사용합니다. 굳이 비유하자면 우리나라에서 주소를 가리키는 방식이 구 주소 방식(서울특별시 동대문구 이문1동...)과 새 주소 방식(서울특별시 동대문구 이문로 21길...)이 있는 것과 비슷합니다.

03 요소의 위치를 알아냈으니 이제 웹 크롤링을 해보면 됩니다. 다음과 같이 ❶ 사이트의 주소, ❷ 원하는 요소의 위치를 이야기하면서 ❸ 챗GPT에게 웹 크롤링을 위한 파이썬 코드를 작성해 달라고 하면 됩니다.

> **NOTE** 아직 실습 단계는 아니므로 눈으로 구경만 하세요.

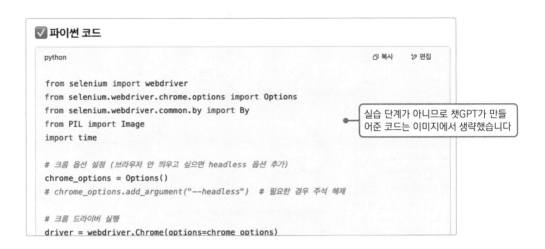

✅ **파이썬 코드**

```python
python                                                        복사   편집

from selenium import webdriver
from selenium.webdriver.chrome.options import Options
from selenium.webdriver.common.by import By
from PIL import Image
import time

# 크롬 옵션 설정 (브라우저 안 띄우고 싶으면 headless 옵션 추가)
chrome_options = Options()
# chrome_options.add_argument("--headless")  # 필요한 경우 주석 해제

# 크롬 드라이버 실행
driver = webdriver.Chrome(options=chrome_options)
```

> 실습 단계가 아니므로 챗GPT가 만들어준 코드는 이미지에서 생략했습니다

04 이제 코드를 받았습니다! 그러면 챗GPT가 작성해준 코드를 그대로 복붙하여 실행하면 됩니다.

NOTE 코드 실행 방법은 '웹 크롤링 실습 준비하기'에도 설명하고 있으며, www.youtube.com/@editorp89 유튜브 채널의 <이게 되네? 챗GPT 미친 크롤링 24제> 재생목록에도 코드 실행 방법 동영상 강의를 준비했습니다. 참고하여 잘 따라오기 바랍니다.

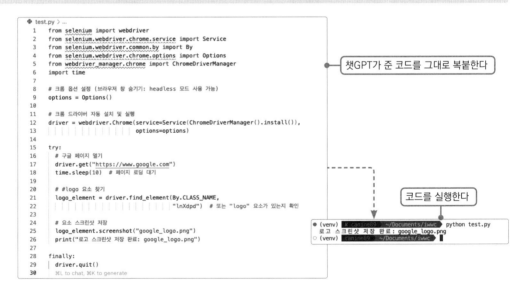

> 챗GPT가 준 코드를 그대로 복붙한다

> 코드를 실행한다

그러면 다음과 같은 구글 로고 이미지를 얻을 수 있습니다.

정리하자면 우리가 이 책에서 할 일은 다음과 같습니다.

1. 내가 원하는 데이터 또는 구성 요소의 위치를 찾기

2. 챗GPT에게 그 위치를 설명하면서 크롤링 코드를 만들라고 하기

3. 코드를 복사하여 붙여넣기

4. 코드를 실행하기

이 과정으로 크롤링을 수행하면 많은 데이터를 수집해볼 수 있습니다. 그리고 챗GPT의 능력을 활용하면 상품 이미지부터 가격, 뉴스 기사, 부동산 청약 정보 등 다양한 실습을 할 수 있습니다.

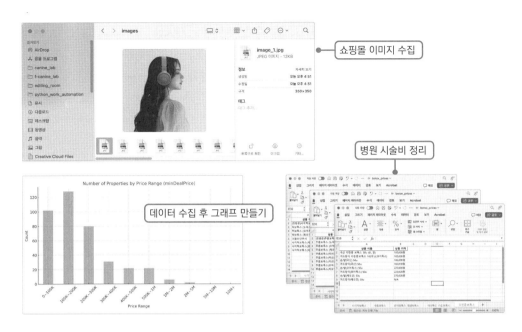

쇼핑몰 이미지 수집

병원 시술비 정리

데이터 수집 후 그래프 만들기

또 수집한 데이터를 GPTs에 활용하거나 웹사이트를 만드는 과정도 살펴봅니다. 예를 들어 내가 다니는 학교의 오늘의 급식 메뉴를 알려주는 GPTs나, 포켓몬 도감 GPTs, 포켓몬 카드 설명 사이트를 단 10분 안에 만들 수 있습니다. 이 모든 과정을 코드를 직접 입력하는 일 없이 말이죠.

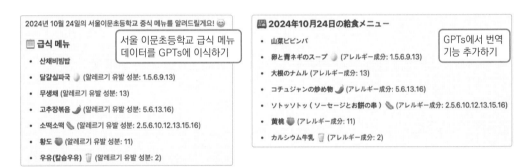

서울 이문초등학교 급식 메뉴 데이터를 GPTs에 이식하기

GPTs에서 번역 기능 추가하기

포켓몬 카드 API로 얻은 데이터를 바탕으로 사이트 만들기

본격적인 실습을 하기 전에 꼭 알아야 할 주의사항 2가지!

이 책은 챗GPT 프롬프팅을 활용하여 웹 크롤링 코드를 받아 실행하는 방식으로 실습을 진행합니다. 여기에는 2가지 주의사항이 있습니다.

주의사항 01　챗GPT의 한계로 코드가 항상 동작하지 않을 수 있습니다

책을 따라서 입력한 프롬프트여도 챗GPT에게 여러분이 받은 코드에서 오류가 발생할 수 있습니다. 오류가 발생하는 이유는 다양하지만 대부분은 챗GPT가 가진 할루시네이션 때문입니다. 그래서 오류가 발생하면 다음 2가지 방법으로 대처하기 바랍니다.

　　1. 처음부터 프롬프트를 다시 작성하기(쉬운 방법)

　　2. 오류 메시지를 알려주면서 코드를 수정하라고 하기(약간 어려운 방법)

본 책에 나오는 대부분의 프롬프트는 몇 회 이상의 테스트를 하여 되도록 한 번에 실행할 수 있는 코드가 나오도록 작성했지만, 챗GPT가 제대로 된 코드를 만들어주지 않을 수도 있습니다. 이 점에 주의하세요.

주의사항 02　웹 크롤링을 하기 전에는 반드시 robots.txt를 확인하세요

챗GPT로 웹 크롤링 코드를 받아서 내가 원하는 데이터를 수집하는 과정은 분명 매력적인 일입니다. 하지만 수집한 데이터를 타인에게 공개하거나, 데이터를 직접 활용하여 수익을 내는 등의 행위, 지속적인 사이트 웹 크롤링으로 서버에 부하를 주는 행위 등은 법적인 문제가 유발할 수 있습니다. 이 책에서 소개하는 사이트는 모두 robots.txt를 확인하고, 해당 파일의 내용을 준수하여 실습하였습니다. 혹시라도 다른 사이트에서 웹 크롤링을 하고자 한다면 robots.txt 내용을 확인하여 실습을 진행하세요.

웹 크롤링 기초 공부하기

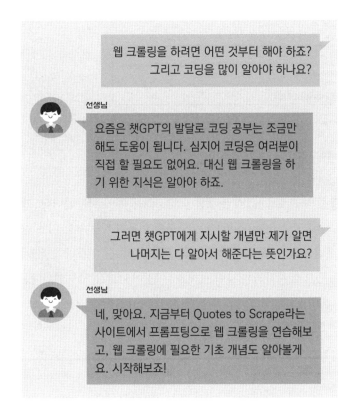

마음껏 크롤링을 할 수 있는 웹사이트 Quotes to Scrape(스크레이핑용 명언)에서 웹 크롤링에 대한 감을 잡고, 연습을 진행해볼 겁니다. **PART 01** '웹 크롤링 빡세게 연습하기'를 통해 웹 크롤링을 프롬프팅하기 위한 여러 개념을 자연스럽게 학습하게 될 겁니다. **Chapter 02** '웹 크롤링 기초 공부하기'

에서 특히 집중해야 할 내용은 요소와 요소의 위치입니다.

01 다음 주소를 웹 브라우저에 입력하여 방문해보세요.

- **스크레이핑용 명언 홈페이지** : quotes.toscrape.com

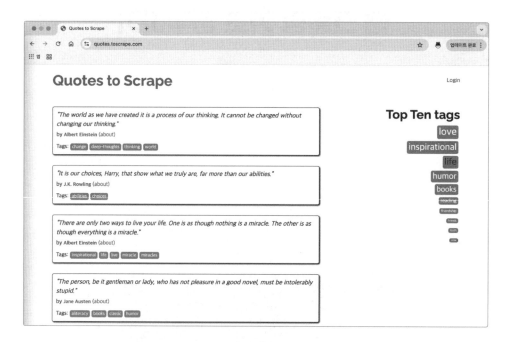

02 그런 다음 F12 를 누르세요. 그러면 개발자 도구라는 것이 나타납니다. 개발자 도구에는 여러 가지 기능이 있는데 그중 [Elements]라는 도구를 이용하겠습니다. 이 도구를 사용하면 여러분이 보고 있는 화면을 한 꺼풀 들어서 HTML 코드를 볼 수 있습니다. [Elements] 탭에 보이는 〈html lang="en"〉으로 시작하는 것이 보이죠? 이것이 HTML 코드입니다.

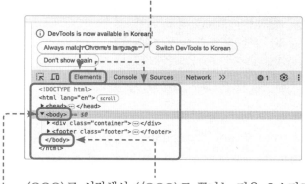

〈OOO〉로 시작해서 〈/OOO〉로 끝나는 것을 요소라고 부릅니다. 예를 들어 'body 요소'라고

하면 〈body〉로 시작해서 〈/body〉로 끝나는 것 사이에 있는 모든 것을 지칭합니다. 반대로 〈div〉로 시작해서 〈/div〉로 끝나는 것 사이에 있는 모든 것을 'div 요소'라고 합니다.

앞으로 이 책에서 '요소'라고 이야기할 때 이것을 머릿속에 자연스럽게 떠올리는 것이 아주 중요합니다. 왜냐하면 챗GPT도 요소를 그렇게 알고 있기 때문입니다. 이것을 정확하게 이해하고 있어야 프롬프팅을 제대로 할 수 있습니다. 그러면 챗GPT가 요소를 정말로 그렇게 이해하고 있는지 확인하기 위해 다음과 같이 프롬프팅을 하겠습니다.

03 프롬프팅에 'bs4로 크롤링'이라고 언급한 bs4는 뷰티풀수프^{BeautifulSoup}라는 파이썬 도구입니다. 뷰티풀수프는 다음과 같은 3단계 과정으로 동작합니다.

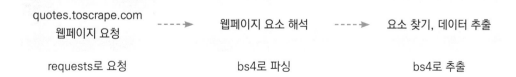

우선 bs4가 해석할 웹페이지를 requests라는 것으로 요청합니다. **요청**이란 웹 브라우저에 주소를 입력해서 Enter를 하는 행위와 비슷합니다. 웹 브라우저에 주소를 입력하고 Enter를 누르면 화면에 텍스트와 이미지 등이 나타나죠? 그렇게 요청을 보내면, 해당 주소의 웹페이지의 HTML 구성 요소가 파이썬 코드상으로 넘어옵니다.

NOTE requests의 요청은 웹 브라우저에서 Enter를 누른 것과 완전히 같지는 않습니다. 웹 브라우저로는 HTML 외에도 자바스크립트를 실행하거나 CSS 등 웹페이지를 구성하는 많은 데이터가 넘어오지만 requests의 요청으로는 HTML 또는 JSON과 같은 텍스트로 변환할 수 있는 구성 요소만 넘어옵니다.

웹페이지의 HTML 구성 요소를 파이썬 코드상으로 가져온 후에는 bs4로 파싱합니다. 파싱을 해야 요소를 찾고, 원하는 데이터를 추출을 할 수 있습니다. 물론 여러분은 이 과정을 이해하지 못해도 크롤링 수행에는 아무런 문제가 없습니다.

04 챗GPT가 작성해준 코드를 복사해서 파이썬 코드를 실행해봅시다. 코드를 실행하니 〈body〉로 시작해서 〈/body〉로 끝나는, 즉 body 요소를 출력합니다.

NOTE 코드 실행 방법을 모른다면 '편집기 설치하고 파이썬 코드 작성 + 실행하기'를 참고하세요.

```
결과
<body>
 <div class="container">
 ... 생략 ...
   </p>
  </div>
 </footer>
</body>
```

이 실습을 통해 알 수 있는 요소의 위치는 우리가 사는 집 주소를 이야기하는 것과 비슷하다는 것을 알 수 있습니다. 웹페이지의 요소들은 모두 body에서 시작하는데, 이는 마치 우리가 모두 지구에 살고 있는 것과 같습니다.

그렇다면 그 요소의 위치를 특정해 그 요소가 감싸고 있는 텍스트나 이미지를 추출하라고 할 수 있겠군요.

05 요소의 위치는 웹 브라우저에 숨겨져 있는 개발자 도구를 사용하면 쉽게 알아낼 수 있습니다. 앞에서 했던 것처럼 `F12` 를 눌러 개발자 도구를 엽니다. 그리고 [Elements] 탭을 눌러 요소가 보이게 하세요. 이때 요소가 많이 드러나도록 여는 〈body〉 태그 왼쪽에 있는 ▶표시를 눌러서 펼치세요. 그러면 해당 태그 안에 들어 있는 요소들이 나타납니다. **저는 〈body〉를 펼치고, 〈div〉를 펼치고 이것저것 펼쳐서 〈div class="row header-box"〉 태그에 마우스를 오버했습니다.**

> **NOTE** <로 시작해서 >로 닫는 것, <로 시작해서 />로 닫는 것을 태그라고 부릅니다. 이 둘 사이에 있는 것을 일컬어 요소라고 부르는 겁니다. 그리고 <로 시작해서 >로 닫는 것을 여는 태그, <로 시작해서 />로 닫은 것을 닫는 태그라고 부릅니다.

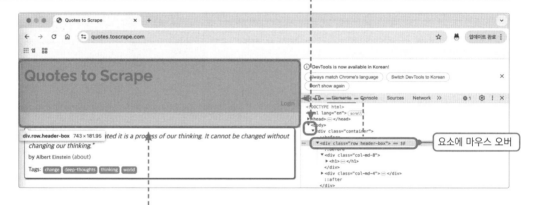

마우스 오버를 하면 왼쪽에 해당 요소에 속하는 화면을 색칠해 표시해줍니다. 이처럼 웹 크롤링을 하기 전에는 먼저 웹사이트에 접속해서 `F12` 를 눌러 개발자 도구를 엽니다. 그런 다음 [Elements] 탭에서 요소를 펼친 다음에 이것저것 마우스를 올려보면서 원하는 데이터가 어디에 있는지 확인하는 과정부터 시작해야 합니다.

06 〈div class="row header-box"〉 태그에 마우스를 올려서 이 요소의 값을 추출하기 위한 요소의 위치를 알아봅시다. ❶ 화면에 색칠된 모습을 잘 보면서 마우스 오버를 한 상태에서 오른쪽 클릭을 한 다음 메뉴가 나타나면 ❷ [Copy → Copy selector]를 누릅니다.

> **NOTE** [Copy → Copy selector] 대신 [Copy → Copy XPath]를 선택해도 되는데 이것을 사용하려면 프롬프팅을 다르게 해야 하므로 나중에 필요할 때 사용하겠습니다.

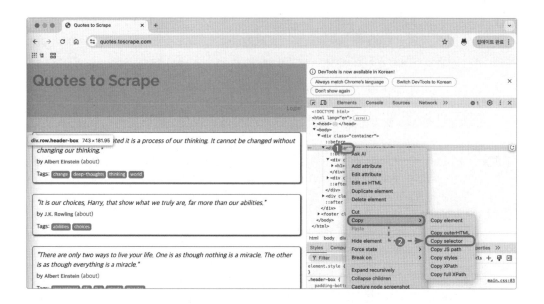

07 그러면 여러분의 클립보드에 body 〉 div 〉 div.row.header-box라는 값이 들어옵니다. 메모장에 붙여넣기를 해서 확인해보세요. 아까 앞에서 이야기한 것처럼 body로부터 어디어디에 있는 무엇이라는 뜻처럼 보이죠? 이 값과 함께 다음과 같이 프롬프팅합니다.

> **NOTE** 이 책에 나오는 챗GPT가 보여주는 코드는 실행할 때마다 다릅니다.

> **NOTE** 챗GPT 특성상 프롬프팅을 여러 번 시도해도 코드가 잘 실행되지 않을 수 있습니다. 그래서 제가 실행해 잘 동작한 코드를 참고용으로 책에 실었습니다.

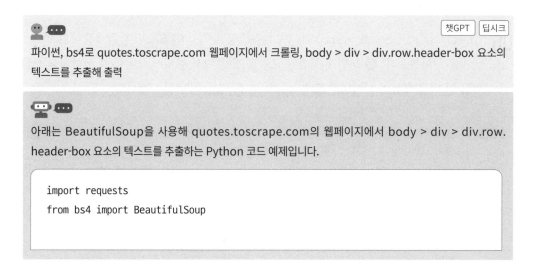

챗GPT | 딥시크

파이썬, bs4로 quotes.toscrape.com 웹페이지에서 크롤링, body > div > div.row.header-box 요소의 텍스트를 추출해 출력

아래는 BeautifulSoup을 사용해 quotes.toscrape.com의 웹페이지에서 body > div > div.row. header-box 요소의 텍스트를 추출하는 Python 코드 예제입니다.

```
import requests
from bs4 import BeautifulSoup
```

```
# URL 설정
url = "http://quotes.toscrape.com"

# 페이지 요청
response = requests.get(url)

# 요청 성공 여부 확인
if response.status_code == 200:
    # BeautifulSoup으로 HTML 파싱
    soup = BeautifulSoup(response.text, 'html.parser')

    # 지정된 요소 추출
    header_box = soup.select_one("body > div > div.row.header-box")

    if header_box:
        # 텍스트 출력
        print(header_box.get_text(strip=True))
    else:
        print("지정된 요소를 찾을 수 없습니다.")
else:
    print(f"페이지 요청 실패: 상태 코드 {response.status_code}")
```

08 이제 이 코드를 실행해봅시다.

> **NOTE** 챗GPT에게 받은 코드를 실행하기 위해서는 웹 크롤링 실습 준비하기를 꼭 진행하고 오세요.

결과

Quotes to Scrape Login

아까 화면에 색칠로 표시한 부분을 추출했습니다. 훌륭합니다. 그런데 이상하네요. Quotes to Scrape만 추출할 줄 알았는데 Login이라는 텍스트까지 추출했습니다. 하지만 제대로 한 것은 맞습니다. 다시 마우스 오버했던 화면을 확인해봅시다.

앞서 지시한 body 〉 div 〉 div.row.header-box 위치에 있는 요소가 감싸고 있는 것은 Quotes to Scrape라는 텍스트와 Login이라는 텍스트 모두입니다. 그러니 이것을 다 추출한 것이죠.

Quotes to Scrape라는 텍스트만 제대로 추출하고 싶다면 해당 요소만 가리키는 요소 위치를 찾아내면 됩니다. 다시 [Elements] 탭으로 돌아가봅시다. 요소를 더 펼쳐서 세세하게 살펴보는 방법도 있지만 더 쉬운 방법을 소개하겠습니다.

09 [Elements] 탭 주변을 잘 살펴보면 아주 조그마한 📭 버튼이 있습니다. ❶ 이것을 누르세요. ❷ 그리고 웹페이지 화면으로 마우스를 이동해 원하는 값이 색칠될 때까지 움직여보세요. ❸ 그러다가 원하는 값이 색칠되면 클릭하세요. 이렇게 하면 [Elements] 탭에서 요소 위치를 고정해 표시해줍니다.

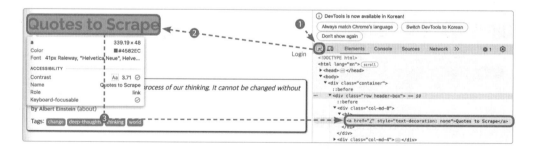

10 요소 위치가 고정 표시되었으면 앞에서 배운 대로 [Copy → Copy Selector]를 눌러 요소 위치를 복사하세요. 다음 값이 복사될 겁니다.

- Selector : body 〉 div 〉 div.row.header-box 〉 div.col-md-8 〉 h1 〉 a

11 **07**에서 진행한 프롬프트를 가지고 다시 챗GPT에게 부탁을 해보죠. 챗GPT는 문맥을 기억하는 특징이 있어서 대화 다음으로 부탁을 할지, 대화를 다시 수정할지에 따라서 기억하는 상태가 달라집니다. 그런데 우리는 지금 같은 작업을 다시 부탁하는 것이므로 문맥이 필요하지 않으니 처음 대화를 수정해서 부탁하겠습니다.

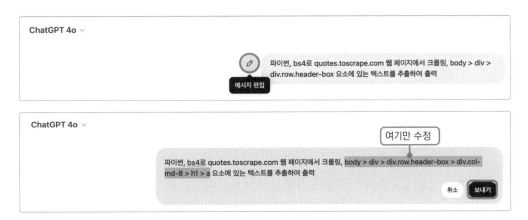

🤖 💬   챗GPT   딥시크

파이썬, bs4로 quotes.toscrape.com 웹페이지에서 크롤링, body > div > div.row.header-box > div.col-md-8 > h1 > a 요소에 있는 텍스트를 추출해 출력

🤖 💬

아래는 요청한 대로 BeautifulSoup(bs4)를 사용해 quotes.toscrape.com 웹페이지에서 지정된 요소의 텍스트를 추출하는 Python 코드입니다.

```python
import requests
from bs4 import BeautifulSoup

# URL 설정
url = "http://quotes.toscrape.com"

# 웹페이지 요청
response = requests.get(url)

# BeautifulSoup 객체 생성
soup = BeautifulSoup(response.text, 'html.parser')
```

```
# CSS 선택자를 사용해 요소 찾기
header_text = soup.select_one('body > div > div.row.header-box > div.col-md-8 >
h1 > a').text.strip()

# 결과 출력
print(header_text)
```

12 다시 파이썬 코드를 실행해 결과를 살펴봅시다.

결과

```
Quotes to Scrape
```

제대로 값을 추출했습니다. 웹 크롤링을 위한 요소 위치를 알아내는 방법, 해당 요소의 값을 추출하는 방법은 이게 전부입니다! 이 방법을 자기 자신의 상황에 맞게 사용하면 어떤 사이트에서도 정보를 수집할 수 있습니다.

📋 마무리 요약

개념 복습하기

☑ 요소는 〈body〉로 시작해서 〈/body〉로 끝나는 모든 것을 칭하는 말입니다. 이를 body 요소라고 합니다.

☑ 〈body〉 또는 〈/body〉와 같이 〈로 시작해서 〉 또는 /〉로 끝나는 것을 지칭할 때 태그라고 합니다. 〈body〉는 여는 태그, 〈/body〉는 닫는 태그라고 각각 부를 수 있습니다.

☑ **F12**를 누르고 개발자 도구를 열어보면 [Elements] 탭에 있는 것들이 요소들입니다.

☑ 요소를 가리킨 후 마우스 오른쪽 클릭 [Copy → Copy Selector]를 하면 요소의 위치를 알아낼 수 있습니다.

프롬프팅 복습하기

☑ 파이썬, bs4로 크롤링

☑ body 〉 div 〉 div.row.header-box 〉 div.col-md-8 〉 h1 〉 a에 있는 요소의 텍스트를 추출해 출력

## Chapter 03

여러 요소에서 텍스트 추출하기

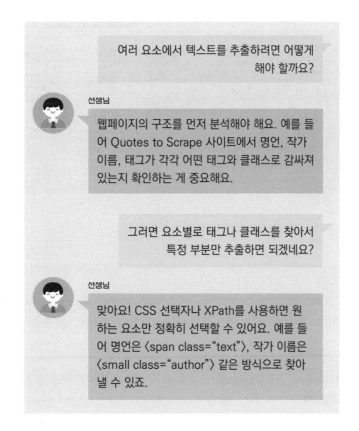

여러 요소에서 텍스트를 추출하려면 어떻게 해야 할까요?

선생님

웹페이지의 구조를 먼저 분석해야 해요. 예를 들어 Quotes to Scrape 사이트에서 명언, 작가 이름, 태그가 각각 어떤 태그와 클래스로 감싸져 있는지 확인하는 게 중요해요.

그러면 요소별로 태그나 클래스를 찾아서 특정 부분만 추출하면 되겠네요?

선생님

맞아요! CSS 선택자나 XPath를 사용하면 원하는 요소만 정확히 선택할 수 있어요. 예를 들어 명언은 〈span class="text"〉, 작가 이름은 〈small class="author"〉 같은 방식으로 찾아낼 수 있죠.

앞에서 요소의 위치를 알아내 해당 요소의 텍스트를 추출하는 법을 알았습니다. 그러면 여러 개의 요소에서 텍스트를 추출하는 방법은 어떻게 할까요? 여기서는 여러 개의 요소에서 텍스트를 추출하고, 그것을 엑셀 파일로 저장하는 방법을 공부해봅니다. 또 요소의 별명이나 고윳값이라 할 수 있는 클래스^{class}, 아이디^{ID}에 대해서도 배워봅니다. 이것을 잘 이해하면 원하는 요소를 더 정확하게 지시할 수 있습니다.

01 우선 여러 개의 요소에서 텍스트를 추출하려면 여러 개의 요소에 대한 위치를 알아내면 됩니다. Chapter 02 '웹 크롤링 기초 공부하기'에서 공부했던 것처럼 [Elements] 탭에서 마우스 오버를 해 명언 묶음이 색칠되도록 한 다음 요소 위치를 Copy selector로 복사합니다. 명언을 모두 감싸고 있는 태그가 〈div class="col-md-8〉로 시작하므로 이 요소의 위치를 추출하는 겁니다.

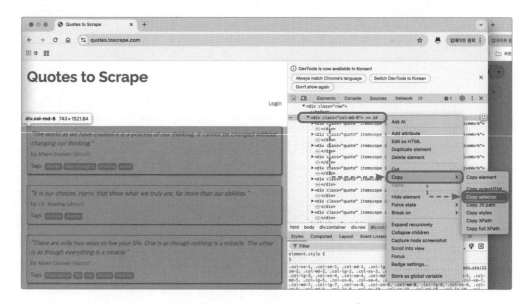

02 이제 이것을 이용해서 챗GPT에게 다음과 같이 부탁합니다.

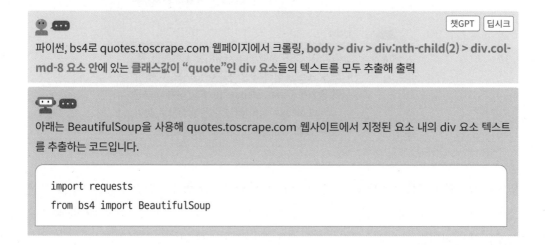

파이썬, bs4로 quotes.toscrape.com 웹페이지에서 크롤링, **body > div > div:nth-child(2) > div.col-md-8** 요소 안에 있는 **클래스값이 "quote"**인 div 요소들의 텍스트를 모두 추출해 출력

아래는 BeautifulSoup을 사용해 quotes.toscrape.com 웹사이트에서 지정된 요소 내의 div 요소 텍스트를 추출하는 코드입니다.

```
import requests
from bs4 import BeautifulSoup
```

```python
# URL 설정
url = "http://quotes.toscrape.com/"

# 페이지 요청
response = requests.get(url)

# 응답 확인
if response.status_code == 200:
    # HTML 파싱
    soup = BeautifulSoup(response.text, 'html.parser')

    # 필요한 요소 선택
    quotes = soup.select('body > div > div:nth-child(2) > div.col-md-8 > div.
quote')

    # 각 quote 요소에서 텍스트 추출
    for quote in quotes:
        text = quote.get_text(strip=True)
        print(text)
else:
    print(f"Failed to fetch the page. Status code: {response.status_code}")
```

03 우선 이번 프롬프트에서 짚고 넘어갈 것이 하나 있긴 하지만 일단 코드부터 실행해서 원하는 대로 잘 동작하는지 확인해봅시다.

결과

```
Quote 1: "The world as we have created it is a process of our thinking.
It cannot be changed without changing our thinking."byAlbert Einstein(about)
Tags:changedeep-thoughtsthinkingworld
Quote 2: "It is our choices, Harry, that show what we truly are, far more than our
abilities."byJ.K. Rowling(about)Tags:abilitieschoices
... 생략 ...
Quote 9: "A woman is like a tea bag; you never know how strong it is until it's in
hot water."byEleanor Roosevelt(about)Tags:misattributed-eleanor-roosevelt
Quote 10: "A day without sunshine is like, you know, night."bySteve Martin(about)
Tags:humorobvioussimile
```

04 결과를 보면 마우스 오버한 영역의 텍스트를 모두 추출한 것 같습니다. 그런데 이렇게 할 수 있었던 방법은 무엇일까요? 앞에서 본 프롬프트를 다시 보죠.

> 🤖💬
>
> 파이썬, bs4로 quotes.toscrape.com 웹페이지에서 크롤링, **body > div > div:nth-child(2) > div.col-md-8** 요소 안에 있는 클래스값이 **"quote"**인 **div** 요소들의 텍스트를 모두 추출해 출력

프롬프트를 다시 보면

- body 〉 div 〉 div:nth-child(2) 〉 div.col-md-8 요소 안에 있는

- 클래스값이 "quote"인 div 요소

라고 쓰여 있습니다. 이것이 이번 프롬프트의 핵심입니다. [Elements] 탭 화면으로 돌아가 요소 구성을 살펴보면 〈div class="col-md-8"〉 요소 서브에 〈div class="quote..."〉 요소들이 잔뜩 들어 있습니다. 들여쓰기로 구분이 되어 있죠? ▶를 누르면 펼쳐지고, ▼를 누르면 다시 접히는 모습이 폴더 구조 같기도 하고요.

그래서 body 〉 div 〉 div:nth-child(2) 〉 div.col-md-8 요소 안에 있는 클래스값이 "quote"인 div 요소라고 표현한 겁니다. 이렇게 프롬프트로 명확하게 지시하면 챗GPT는 알아서 이 구성을 이해하고 알맞게 데이터를 가져옵니다. 그렇지만 여전히 풀리지 않는 의문이 하나 있습니다. 클래스값은 무엇일까요?

05 요소에 적혀 있는 class="quote"와 같은 값이 클래스 속성값입니다. 예를 들어서 〈div class="quote"〉가 있을 때 이것을 지칭하는 말은 다음과 같이 다양합니다.

- 클래스 속성값이 "quote"인 div 요소

- 클래스값이 "quote"인 div 요소

- div 요소(클래스값 "quote")

클래스값은 크롤링에서 아주 중요합니다. 왜냐하면 이 값은 요소의 특징을 이야기할 때 사용하기 때문이죠. 굳이 비유를 하자면 사과 중에서도 초록색 빛을 띤 사과에 '아오리'라는 별명을 붙여주고, 유난히 붉고 반짝거리는 사과에 '홍옥'이라는 별명을 붙여주는 느낌이랄까요? 그래서 클래스값은 어떤 공통 특징을 가진 요소를 가져올 때 많이 사용합니다. 그리고 이 특징을 잘 이해하고 있어야 챗GPT에게 여러 요소의 텍스트를 추출하는 작업을 시킬 때 매우 유용합니다.

06 클래스 속성값으로 지시하는 방식을 완벽하게 이해하기 위해 한 번 더 실습해봅시다. 이번에는 다른 클래스값을 찾아서 지시해보죠. [Elements] 탭에서 화면의 Tags에 있는 값만을 추출하기 위해 클래스값을 사용해봅시다. 화면에서 Tags를 담고 있는 div 요소의 클래스값을 찾아봅시다.

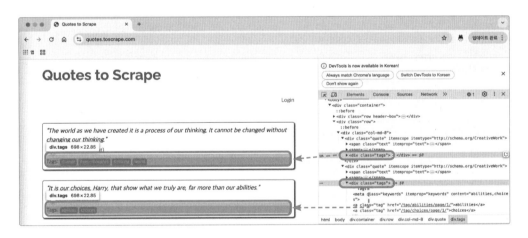

div 요소의 클래스값이 모두 "tags"로 같습니다. 이것들을 다 가져오라고 챗GPT에게 시키면 화면에 보이는 클래스값이 "tags"인 요소를 모두 추출할 수 있겠네요.

07 그렇다면 챗GPT에게 다음과 같이 요청하겠습니다.

 챗GPT 딥시크

파이썬, bs4로 quotes.toscrape.com 웹페이지에서 크롤링, 클래스값이 tags인 div 요소들의 텍스트를 모두 출력

아래는 BeautifulSoup을 사용해 quotes.toscrape.com 웹사이트에서 지정된 요소 내의 div 요소 텍스트를 추출하는 코드입니다.

```python
import requests
from bs4 import BeautifulSoup

# URL 설정
url = "http://quotes.toscrape.com/"

# 페이지 요청
response = requests.get(url)

# 응답 확인
if response.status_code == 200:
    # HTML 파싱
    soup = BeautifulSoup(response.text, 'html.parser')

    # 필요한 요소 선택
    quotes = soup.select('body > div > div:nth-child(2) > div.col-md-8 > div.
quote')

    # 각 quote 요소에서 텍스트 추출
    for quote in quotes:
        text = quote.get_text(strip=True)
        print(text)
else:
    print(f"Failed to fetch the page. Status code: {response.status_code}")
```

08 코드를 실행해봅니다. 이제는 클래스값이 "tags"인 모든 요소를 출력합니다.

```
Quote 1 Tags: Tags:changedeep-thoughtsthinkingworld   결과
 … 생략 …
Quote 9 Tags: Tags:misattributed-eleanor-roosevelt
Quote 10 Tags: Tags:humorobvioussimile
```

09 그런데 결과가 조금 마음에 들지 않습니다. 왜냐하면 화면의 Tags:라는 텍스트도 함께 추출하고 있기 때문입니다.

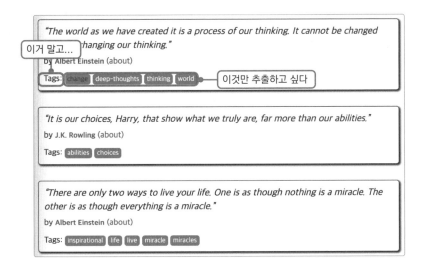

여러분이 진짜로 원하는 텍스트를 추출하는 작업을 하고 있었다면 이 텍스트는 불순물이므로 제거해야 합니다. 다시 말해 Tags:라는 값도 빼야 합니다. 다시 [Elements] 탭에서 Tags:까지 제외할 방법이 있나 살펴봅시다.

10 클래스값이 "tags"인 div 요소 안에 클래스값이 "tag"인 a 요소에 우리가 원하는 값이 들어 있네요.

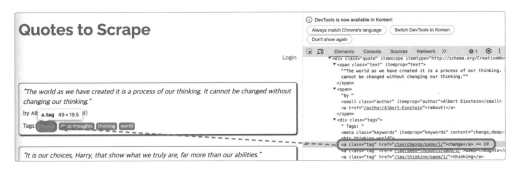

그럼 이것을 지칭해서 다시 챗GPT에게 요청하여 받아봅시다.

  【챗GPT】【딥시크】

파이썬, bs4로 quotes.toscrape.com 웹페이지에서 크롤링, 클래스값이 "tag"인 a 요소들의 텍스트를 모두 출력

아래는 BeautifulSoup을 사용해 quotes.toscrape.com 웹사이트에서 클래스값이 tag인 모든 a 요소의 텍스트를 추출하는 코드입니다.

```python
import requests
from bs4 import BeautifulSoup

# URL 설정
url = "http://quotes.toscrape.com/"

# 페이지 요청
response = requests.get(url)

# 응답 확인
if response.status_code == 200:
    # HTML 파싱
    soup = BeautifulSoup(response.text, 'html.parser')

    # 클래스가 tag인 a 요소 선택
    tag_links = soup.find_all('a', class_='tag')

    # 각 요소의 텍스트 추출
    for tag_link in tag_links:
        text = tag_link.get_text(strip=True)
        print(text)
else:
    print(f"Failed to fetch the page. Status code: {response.status_code}")
```

11 코드를 실행하면 다음과 같은 결과가 나타납니다. 이제야 제대로 태그들의 값만 출력하게 되었네요.

```
                                                              결과
change
deep-thoughts
thinking
... 생략 ...
friendship
friends
truth
simile
```

12 그러면 엑셀로 파일을 저장해봅시다. 지금까지 챗GPT에게 데이터를 추출하라고 했던 문맥을 살려서 다음과 같이 요청해보세요.

추출한 값을 엑셀로 저장   챗GPT 딥시크

추출한 값을 엑셀로 저장하는 방법은 Python의 pandas 라이브러리를 사용하는 겁니다. 아래는 BeautifulSoup을 사용해 클래스값이 tag인 a 요소들의 텍스트를 추출하고, 이를 엑셀 파일로 저장하는 코드입니다.

```
import requests
from bs4 import BeautifulSoup
import pandas as pd

# URL 설정
url = "http://quotes.toscrape.com/"

# 페이지 요청
response = requests.get(url)

# 응답 확인
if response.status_code == 200:
```

```
# HTML 파싱
soup = BeautifulSoup(response.text, 'html.parser')

# 클래스가 tag인 a 요소 선택
tag_links = soup.find_all('a', class_='tag')

# 각 요소의 텍스트 추출
tags = [tag_link.get_text(strip=True) for tag_link in tag_links]

# 데이터프레임 생성
df = pd.DataFrame(tags, columns=["Tags"])

# 엑셀 파일로 저장
output_file = "tags.xlsx"
df.to_excel(output_file, index=False)
print(f"Tags saved to {output_file}")
else:
print(f"Failed to fetch the page. Status code: {response.status_code}")
```

13 최종 코드를 실행하여 추출한 값을 다음과 같이 엑셀 파일로 저장할 수 있습니다.

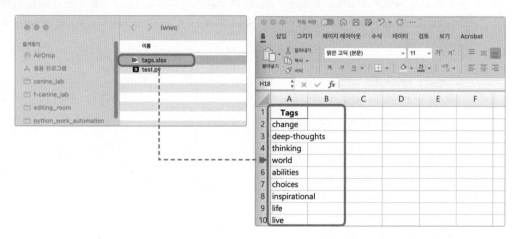

14 그런데 어떤 사람은 추출한 Tags의 텍스트가 1줄로 나왔을 수도 있고, 어떤 사람은 화면에 보이는 것처럼 명언별로 Tags의 텍스트가 추출되어 나왔을 수도 있습니다. 저는 과정 11에서 보듯 Tags의 텍스트가 명언 구분 없이 1줄로 추출되었습니다. 만약 이것까지 프롬프트로 제어하고 싶다면 이렇게 하면 됩니다.

파이썬, bs4로 quotes.toscrape.com 웹페이지에서 크롤링, 클래스값이 **"tags"**인 div 요소별로 클래스값이 **"tag"**인 a 요소들의 텍스트를 모두 출력

이렇게 특정 a 요소를 감싸고 있는 div 요소를 지정해서 묶음별로 텍스트를 출력하라고 하면 됩니다. 화면으로 보면 무슨 말인지 직관으로 이해할 수 있을 겁니다.

```
▼<div class="tags"> == $0
  " Tags: "
  <meta class="keywords" itemprop="keywords" content="change,deep-thoug
ng,world">
  <a class="tag" href="/tag/change/page/1/">change</a>
  <a class="tag" href="/tag/deep-thoughts/page/1/">deep-thoughts</a>
  <a class="tag" href="/tag/thinking/page/1/">thinking</a>
  <a class="tag" href="/tag/world/page/1/">world</a>
</div>
</div>
```

클래스값이 "tags"인 div별로 클래스값이 "tag"인 a를 가져오라고 하면 묶음별로 크롤링을 수행해요

아래는 BeautifulSoup을 사용해 quotes.toscrape.com 웹사이트에서 클래스값이 tags인 div 요소별로, 해당 div 안에 포함된 클래스값이 tag인 모든 a 요소의 텍스트를 추출해 출력하는 코드입니다.

```python
import requests
from bs4 import BeautifulSoup

# URL 설정
url = "http://quotes.toscrape.com/"

# 페이지 요청
response = requests.get(url)
```

```
# 응답 확인
if response.status_code == 200:
    # HTML 파싱
    soup = BeautifulSoup(response.text, 'html.parser')

    # 클래스가 tags인 div 요소 선택
    tag_divs = soup.find_all('div', class_='tags')

    # 각 div 요소 내에서 클래스가 tag인 a 요소 추출
    for index, tag_div in enumerate(tag_divs, start=1):
        print(f"Tags for quote {index}:")
        tag_links = tag_div.find_all('a', class_='tag')
        for tag_link in tag_links:
            print(f"- {tag_link.get_text(strip=True)}")
        print()
else:
    print(f"Failed to fetch the page. Status code: {response.status_code}")
```

15 코드를 실행하면 명언 묶음별로 Tags의 텍스트를 추출한 것을 알 수 있습니다. 이것을 엑셀로 저장하라고 하면 더 보기 좋은 모습으로 데이터를 저장할 수 있겠죠?

```
                                                    결과
Tags for quote 1:
- change
- deep-thoughts
- thinking
- world
... 생략 ...
Tags for quote 10:
- humor
- obvious
- simile
```

📋 마무리 요약

개념 복습하기

☑ 클래스값은 요소의 공통 특징을 묶는 역할을 합니다.

프롬프팅 복습하기

☑ body 〉 div 〉 div:nth-child(2) 〉 div.col-md-8 요소 안에 있는 클래스값이 "quote"인 div 요소들의 텍스트를 모두 출력

☑ 클래스값이 "tags"인 div 요소별로 클래스값이 "tag"인 a 요소들의 텍스트를 모두 출력

Chapter 04

구조 속에서 크롤링하고 엑셀 파일로 저장하기

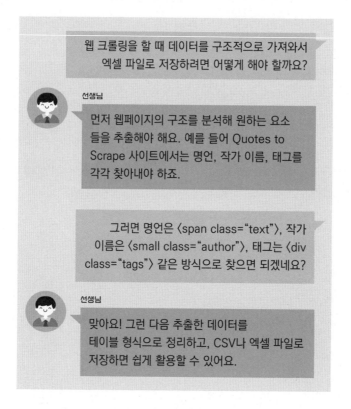

웹 크롤링을 할 때 데이터를 구조적으로 가져와서 엑셀 파일로 저장하려면 어떻게 해야 할까요?

선생님

먼저 웹페이지의 구조를 분석해 원하는 요소들을 추출해야 해요. 예를 들어 Quotes to Scrape 사이트에서는 명언, 작가 이름, 태그를 각각 찾아내야 하죠.

그러면 명언은 〈span class="text"〉, 작가 이름은 〈small class="author"〉, 태그는 〈div class="tags"〉 같은 방식으로 찾으면 되겠네요?

선생님

맞아요! 그런 다음 추출한 데이터를 테이블 형식으로 정리하고, CSV나 엑셀 파일로 저장하면 쉽게 활용할 수 있어요.

점점 더 많은 텍스트를 출력해봅시다. 이제 슬슬 요소의 구조가 눈에 들어오기 시작할 겁니다. 지금까지는 단순 요소들을 추출했다면 이번에는 정말로 화면 전체에서 필요한 데이터만 구조를 갖춰 크롤링해봅시다. 우리가 하고자 하는 작업은 다음 그림과 같습니다.

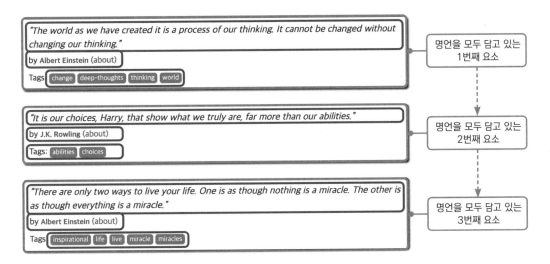

이처럼 모든 명언이 포함된 요소를 하나씩 확인하며, '명언, 명언을 말한 사람, Tags'의 구조로 박스를 하나씩 내려가면서 데이터를 다음과 같이 추출하려는 계획이었을 것입니다.

- 박스를 하나씩 내려가면서
  - 명언
  - 명언을 말한 사람
  - Tags 추출하기

그리고 이런 계획으로 크롤링을 하려면 이제 프롬프트에 새로운 키워드를 추가해야 합니다. **바로 순회입니다.** 여기서는 이 순회라는 키워드를 프롬프트에 추가해 어떤 결과물을 볼 수 있는지 살펴보겠습니다.

01 '명언 박스를 하나씩 내려가면서'를 순회라고 합니다. 순회라는 것은 프로그래밍의 개념인데, 어려운 개념은 아닙니다. 새콤달콤이라는 간식을 놓고 설명하겠습니다.

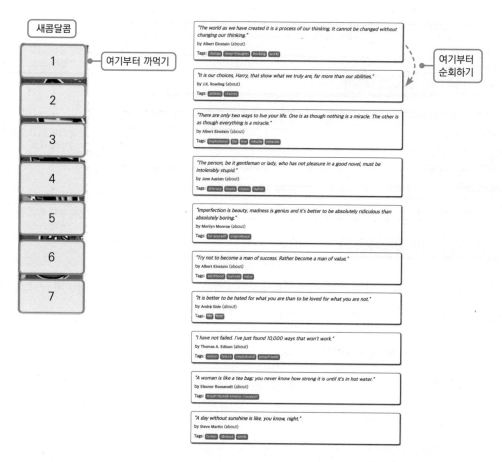

새콤달콤을 까먹을 때 맨 위부터 맨 아래까지 순서대로 모두 다 까먹습니다. 중간부터 먹기도 하지만 그렇게는 잘 안 먹죠. 위 그림을 보면 순회를 직관으로 이해할 수 있을 겁니다. 아무튼 순회는 다음과 같이 정리할 수 있습니다.

- 처음부터 끝까지

- 모두 다하기

그러니까 중간에 멈추는 것은 순회가 아닙니다. 이 특징을 기억한 상태로 순회를 하면서 명언 박스의 데이터를 추출하겠습니다. 순회를 이해하고 크롤링을 해야 점차 더 복잡한 웹페이지의 데이터를 추출할 수 있습니다.

02 다시 요소의 주소를 가지고 순회를 하라고 챗GPT에게 시켜보겠습니다. 여기서는 명언 박스의 클래스값을 이용해 순회를 하기 위해 먼저 해당 클래스값을 확인해봅니다. 명언 박스는 클래스 값이 "quote"인 div 요소입니다.

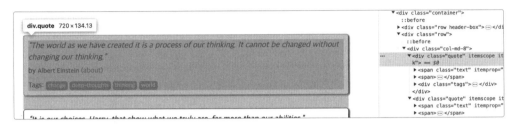

03 그러므로 챗GPT에게 다음과 같이 요청합니다.

파이썬, bs4로 quotes.toscrape.com 웹페이지에서 크롤링, **클래스값이 "quote"인 div 요소를 순회**하며 텍스트 출력

아래는 BeautifulSoup을 사용해 quotes.toscrape.com 웹사이트에서 클래스값이 quote인 모든 div 요소를 순회하며 해당 요소의 텍스트를 출력하는 코드입니다.

```python
import requests
from bs4 import BeautifulSoup

# URL 설정
url = "http://quotes.toscrape.com/"

# 페이지 요청
response = requests.get(url)

# 응답 확인
if response.status_code == 200:
    # HTML 파싱
    soup = BeautifulSoup(response.text, 'html.parser')

    # 클래스가 quote인 div 요소 선택
    quotes = soup.find_all('div', class_='quote')
```

```
# 각 quote 요소에서 텍스트 추출
for index, quote in enumerate(quotes, start=1):
    # 텍스트와 작가 이름 추출
    quote_text = quote.find('span', class_='text').get_text(strip=True)
    author = quote.find('small', class_='author').get_text(strip=True)
    print(f"Quote {index}: {quote_text} - {author}")
else:
    print(f"Failed to fetch the page. Status code: {response.status_code}")
```

04 코드를 실행하면 10개의 명언 박스를 순회하면서 텍스트를 출력합니다. 이때 챗GPT는 순회라는 특징을 알고 있기 때문에 알아서 명언별로 번호를 붙여가며 텍스트를 출력합니다.

```
Quote 1: "The world as we have created it is a process of our thinking.          결과
It cannot be changed without changing our thinking." - Albert Einstein
Quote 2: "It is our choices, Harry, that show what we truly are, far more than our
abilities." - J.K. Rowling
    ... 생략 ...
Quote 10: "A day without sunshine is like, you know, night." - Steve Martin
```

05 그리고 결과를 보면 명언을 말한 사람도 함께 출력했습니다. 그런데 Tags를 출력하진 않았네요. 다른 코드를 받은 사람도 있을 겁니다. 이렇게 모호한 결과가 나오는 이유는 요소의 위치를 명확하게 프롬프팅하지 않았기 때문입니다. 앞에서 배운 대로 명확하게, 그리고 순회를 하는 도중에 원하는 요소를 출력하도록 다음 그림과 같이 프롬프팅을 수정하겠습니다.

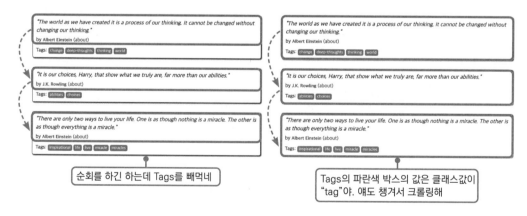

순회를 하긴 하는데 Tags를 빼먹네

Tags의 파란색 박스의 값은 클래스값이 "tag"야. 얘도 챙겨서 크롤링해

06 저는 문맥을 살려 이렇게 지시하겠습니다.

순회를 하면서 클래스값이 "tag"인 요소도 추출해 출력

아래는 BeautifulSoup을 사용해 클래스값이 quote인 div 요소를 순회하며, 각 요소의 인용구 텍스트, 작가 이름, 그리고 클래스값이 tag인 요소에 포함된 태그도 함께 추출해 출력하는 코드입니다.

```python
import requests
from bs4 import BeautifulSoup

# URL 설정
url = "http://quotes.toscrape.com/"

# 페이지 요청
response = requests.get(url)

# 응답 확인
if response.status_code == 200:
    # HTML 파싱
    soup = BeautifulSoup(response.text, 'html.parser')

    # 클래스가 quote인 div 요소 선택
    quotes = soup.find_all('div', class_='quote')

    # 각 quote 요소에서 텍스트, 작가, 태그 추출
    for index, quote in enumerate(quotes, start=1):
        # 인용구 텍스트와 작가 이름 추출
        quote_text = quote.find('span', class_='text').get_text(strip=True)
        author = quote.find('small', class_='author').get_text(strip=True)

        # 클래스가 tag인 a 요소의 텍스트 추출
        tags = [tag.get_text(strip=True) for tag in quote.find_all('a',
class_='tag')]

        # 출력
```

```
        print(f"Quote {index}: {quote_text} - {author}")
        print(f"Tags: {', '.join(tags)}\n")
    else:
      print(f"Failed to fetch the page. Status code: {response.status_code}")
```

07 코드를 실행하면 명언을 순회하면서 모든 값을 제대로 가져옵니다.

```
Quote 1: "The world as we have created it is a process of our thinking.
It cannot be changed without changing our thinking." - Albert Einstein
Tags: change, deep-thoughts, thinking, world
Quote 2: "It is our choices, Harry, that show what we truly are, far more than our
abilities." - J.K. Rowling
Tags: abilities, choices
 ... 생략 ...
Quote 10: "A day without sunshine is like, you know, night." - Steve Martin
Tags: humor, obvious, simile
```

이렇게 순회라는 개념을 사용해 프롬프팅을 하면 문맥을 살려 추가 지시를 하기 좋습니다. 사실 프로그래밍이 처음이면 순회라는 개념은 알듯 말듯하면서 좀 답답할 수 있습니다. 하지만 그건 당연한 것입니다. 프로그래밍 사고를 처음부터 '아하' 하면서 가질 순 없거든요. 그런 사람은 극히 드뭅니다.

08 이런 것도 해보겠습니다. 순회를 하면서 몇 번째 명언인지 챗GPT에게 순서도 출력해보라고 하는 것이죠. 크롤링할 데이터에는 없지만, '모든 명언 박스를 하나씩 순회한다'는 개념을 이해하고 직접 시도할 수 있습니다. 이때 문맥에 맞게 챗GPT에게 지시합니다.

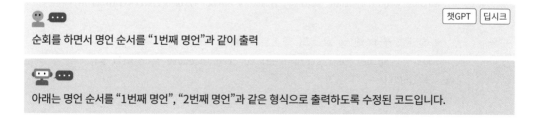

챗GPT 딥시크

순회를 하면서 명언 순서를 "1번째 명언"과 같이 출력

아래는 명언 순서를 "1번째 명언", "2번째 명언"과 같은 형식으로 출력하도록 수정된 코드입니다.

```python
import requests
from bs4 import BeautifulSoup

# URL 설정
url = "http://quotes.toscrape.com/"

# 페이지 요청
response = requests.get(url)

# 응답 확인
if response.status_code == 200:
    # HTML 파싱
    soup = BeautifulSoup(response.text, 'html.parser')

    # 클래스가 quote인 div 요소 선택
    quotes = soup.find_all('div', class_='quote')

    # 각 quote 요소에서 텍스트, 작가, 태그 추출
    for index, quote in enumerate(quotes, start=1):
        # 인용구 텍스트와 작가 이름 추출
        quote_text = quote.find('span', class_='text').get_text(strip=True)
        author = quote.find('small', class_='author').get_text(strip=True)

        # 클래스가 tag인 a 요소의 텍스트 추출
        tags = [tag.get_text(strip=True) for tag in quote.find_all('a', class_='tag')]

        # 출력
        print(f"{index}번째 명언: {quote_text} - {author}")
        print(f"태그: {', '.join(tags)}\n")
else:
    print(f"Failed to fetch the page. Status code: {response.status_code}")
```

09 코드를 실행하니 명언 박스를 하나씩 순회한 결과를 가져옵니다.

1번째 명언: "The world as we have created it is a process of our thinking. It cannot be changed without changing our thinking." - Albert Einstein
태그: change, deep-thoughts, thinking, world
 … 생략 …
9번째 명언: "A woman is like a tea bag; you never know how strong it is until it's in hot water." - Eleanor Roosevelt
태그: misattributed-eleanor-roosevelt
10번째 명언: "A day without sunshine is like, you know, night." - Steve Martin
태그: humor, obvious, simile

어떤가요? 순회를 하면서 추가 작업을 시키니, 웹페이지에는 없던 '몇 번째 명언'인지도 출력할 수 있게 되었습니다.

10 이제 마지막입니다. 데이터를 엑셀로 저장해보겠습니다. 이것도 문맥을 살려 지시하겠습니다. 이때 특정 열을 어떤 형식으로 저장하라고 하면 더 잘해주겠죠?

> 🤖 💬 　　　　　　　　　　　　　　　　　　　　　　　　　　　챗GPT 딥시크
> 크롤링한 데이터 엑셀 파일로 저장, 번째, 명언, 명언을 말한 사람, 태그들을 각 열로 저장

> 🤖 💬
> 아래는 크롤링한 데이터를 엑셀 파일로 저장하는 코드입니다. 명언의 순서, 명언 텍스트, 명언을 말한 사람, 태그들을 각 열로 저장합니다.

```python
import requests
from bs4 import BeautifulSoup
import pandas as pd

# URL 설정
url = "http://quotes.toscrape.com/"

# 페이지 요청
response = requests.get(url)
```

```python
# 응답 확인
if response.status_code == 200:
    # HTML 파싱
    soup = BeautifulSoup(response.text, 'html.parser')


    # 클래스가 quote인 div 요소 선택
    quotes = soup.find_all('div', class_='quote')

    # 데이터 저장을 위한 리스트 초기화
    data = []

    # 각 quote 요소에서 데이터 추출
    for index, quote in enumerate(quotes, start=1):
        # 명언 텍스트와 작가 이름 추출
        quote_text = quote.find('span', class_='text').get_text(strip=True)
        author = quote.find('small', class_='author').get_text(strip=True)

        # 클래스가 tag인 a 요소의 텍스트 추출
        tags = [tag.get_text(strip=True) for tag in quote.find_all('a',
class_='tag')]

        # 데이터를 리스트에 추가
        data.append({
            "번째": f"{index}번째",
            "명언": quote_text,
            "명언을 말한 사람": author,
            "태그": ", ".join(tags)  # 태그를 쉼표로 구분해 저장
        })

    # DataFrame 생성
    df = pd.DataFrame(data)

    # 엑셀 파일로 저장
    output_file = "quotes.xlsx"
```

```
    df.to_excel(output_file, index=False)
    print(f"크롤링 데이터를 엑셀 파일로 저장했습니다: {output_file}")
else:
    print(f"Failed to fetch the page. Status code: {response.status_code}")
```

11 코드를 실행해 결과를 확인하면 다음과 같이 데이터를 추출해 엑셀 파일로 저장하는 것을 확인할 수 있습니다. 크롤링에서는 순회라는 개념이 자주 사용되므로, 잘 이해해두는 것이 좋습니다.

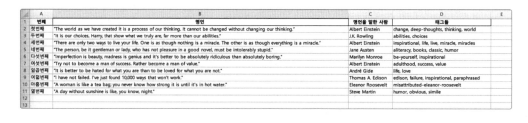

	A	B	C	D	E
1	번째	명언	명언을 말한 사람	태그들	
2	첫번째	"The world as we have created it is a process of our thinking. It cannot be changed without changing our thinking."	Albert Einstein	change, deep-thoughts, thinking, world	
3	두번째	"It is our choices, Harry, that show what we truly are, far more than our abilities."	J.K. Rowling	abilities, choices	
4	세번째	"There are only two ways to live your life. One is as though nothing is a miracle. The other is as though everything is a miracle."	Albert Einstein	inspirational, life, live, miracle, miracles	
5	네번째	"The person, be it gentleman or lady, who has not pleasure in a good novel, must be intolerably stupid."	Jane Austen	aliteracy, books, classic, humor	
6	다섯번째	"Imperfection is beauty, madness is genius and it's better to be absolutely ridiculous than absolutely boring."	Marilyn Monroe	be-yourself, inspirational	
7	여섯번째	"Try not to become a man of success. Rather become a man of value."	Albert Einstein	adulthood, success, value	
8	일곱번째	"It is better to be hated for what you are than to be loved for what you are not."	André Gide	life, love	
9	여덟번째	"I have not failed. I've just found 10,000 ways that won't work."	Thomas A. Edison	edison, failure, inspirational, paraphrased	
10	아홉번째	"A woman is like a tea bag; you never know how strong it is until it's in hot water."	Eleanor Roosevelt	misattributed-eleanor-roosevelt	
11	열번째	"A day without sunshine is like, you know, night."	Steve Martin	humor, obvious, simile	
12					
13					

다음 장에서는 웹페이지를 넘나들며 웹 크롤링을 하는 방법을 알아보겠습니다.

📋 마무리 요약

개념 복습하기

- ☑ 순회는 어떤 집합 내에 있는 구성 요소를 처음부터 끝까지 순서대로 모두 살펴보는 것을 말합니다.
- ☑ 요소의 위치를 정확하게 프롬프팅해야 원하는 값을 얻을 수 있습니다.

프롬프팅 복습하기

- ☑ 순회를 하면서 클래스값이 "tag"인 요소를 추출

## Chapter 05

웹페이지를 이동하며 웹 크롤링하기(1)

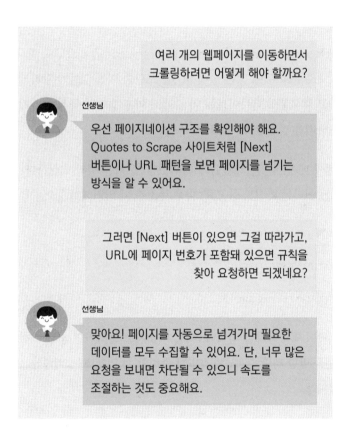

여러 개의 웹페이지를 이동하면서
크롤링하려면 어떻게 해야 할까요?

선생님

우선 페이지네이션 구조를 확인해야 해요.
Quotes to Scrape 사이트처럼 [Next]
버튼이나 URL 패턴을 보면 페이지를 넘기는
방식을 알 수 있어요.

그러면 [Next] 버튼이 있으면 그걸 따라가고,
URL에 페이지 번호가 포함돼 있으면 규칙을
찾아 요청하면 되겠네요?

선생님

맞아요! 페이지를 자동으로 넘겨가며 필요한
데이터를 모두 수집할 수 있어요. 단, 너무 많은
요청을 보내면 차단될 수 있으니 속도를
조절하는 것도 중요해요.

다음 단계로 넘어갈 시간입니다. 이제는 웹페이지 하나가 아니라 여러 웹페이지를 이동하며 웹 크롤링을 해봅니다.

01 아주 간단한 생각부터 해보죠. 명언 웹사이트에서 웹페이지를 이동하면서 웹 크롤링을 하고 싶다면 무엇부터 체크해야 할까요? **바로 주소에 규칙이 존재하는가 여부입니다.** 스크롤을 내려서 [Next →] 버튼을 찾았으면 이것을 눌러서 주소가 어떻게 바뀌는지 보겠습니다.

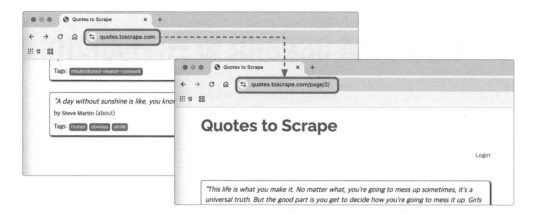

주소가 quotes.toscrape.com에서 quotes.toscrape.com/page/2로 바뀌었네요. 웹사이트는 앞 주소를 고정으로 두고 뒤에 있는 슬래시(/)를 포함한 어떤 값들만 달라지면서 화면을 바꿔 보여줍니다. 그리고 대부분의 웹사이트는 이 슬래시 이후에 어떤 규칙을 가지고 있습니다. 우리는 /page/2라는 규칙을 발견한 것이고요.

02 그렇다면 '첫 번째 페이지는 /page/1/가 아니었을까?' 하는 생각이 듭니다. 그러면서 세 번째 페이지는 /page/3/이라는 확신도 들고요. 다음 주소를 다 입력해서 들어가봅니다.

- quotes.toscrape.com/page/1

- quotes.toscrape.com/page/2

- quotes.toscrape.com/page/3

아마 예상한 웹페이지가 나타날 겁니다. 이렇게 숫자를 늘려가면서 웹 크롤링을 한다면 각 페이지의 명언, 명언을 말한 사람, Tags를 끝없이 출력할 수 있겠네요. 어떻게 보면 이것도 웹페이지를 순회하는 겁니다.

03 이번에는 구체적으로 순회 개념을 사용하고, 클래스값, 요소를 짚어서 크롤링하라고 요청하겠습니다.

파이썬, bs4로 quotes.toscrape.com 웹페이지에서 **/page/1, page/2, page/3로 페이지를 순회**, 그러면서 클래스값이 "quote"인 div 요소를 순회하면서 클래스값이 "text"인 span 요소, 클래스값이 "author"인 small 요소, 클래스값이 "tag"인 a 요소의 텍스트 출력

아래는 BeautifulSoup과 requests를 사용해 /page/1, /page/2, /page/3를 순회하며, 클래스값이 quote인 div 요소를 순회하고, 각 클래스값이 text인 span 요소, author인 small 요소, tag인 a 요소의 텍스트를 출력하는 코드입니다.

```python
import requests
from bs4 import BeautifulSoup

# 기본 URL 설정
base_url = "http://quotes.toscrape.com/page/{}/"

# 페이지 순회
for page in range(1, 4):  # 1, 2, 3 페이지
    # 페이지 URL 생성
    url = base_url.format(page)

    # 페이지 요청
    response = requests.get(url)

    # 응답 확인
    if response.status_code == 200:
        print(f"--- Page {page} ---")
        # HTML 파싱
        soup = BeautifulSoup(response.text, 'html.parser')

        # 클래스가 quote인 div 요소 선택
        quotes = soup.find_all('div', class_='quote')

        # 각 quote 요소에서 텍스트 추출
        for index, quote in enumerate(quotes, start=1):
            # 인용구 텍스트와 작가 이름 추출
            quote_text = quote.find('span', class_='text').get_text(strip=True)
            author = quote.find('small', class_='author').get_text(strip=True)
```

```
        print(f"{index}번째 명언: {quote_text} - {author}")
    print()
  else:
    print(f"Failed to fetch page {page}. Status code: {response.status_code}")
```

04 코드를 실행하면 다음과 같이 페이지별로 명언을 모두 추출해 출력합니다.

결과

--- Page 1 ---
1번째 명언: "The world as we have created it is a process of our thinking. It cannot be changed without changing our thinking." - Albert Einstein
2번째 명언: "It is our choices, Harry, that show what we truly are, far more than our abilities." - J.K. Rowling
 ... 생략 ...
10번째 명언: "A day without sunshine is like, you know, night." - Steve Martin
--- Page 2 ---
1번째 명언: "This life is what you make it. No matter what, you're going to mess up sometimes, it's a universal truth. ... 생략 ... yourself, because if you don't, then who will, sweetie? So keep your head high, keep your chin up, and most importantly, keep smiling, because life's a beautiful thing and there's so much to smile about." - Marilyn Monroe
2번째 명언: "It takes a great deal of bravery to stand up to our enemies, but just as much to stand up to our friends." - J.K. Rowling
 ... 생략 ...
10번째 명언: "Life is what happens to us while we are making other plans." - Allen Saunders
--- Page 3 ---
1번째 명언: "I love you without knowing how, or when, or from where. I love you simply, without problems or pride: I love you in this way because I do not know any other way of loving but this, in which there is no I or you, so intimate that your hand upon my chest is my hand, so intimate that when I fall asleep your eyes close." - Pablo Neruda
 ... 생략 ...
9번째 명언: "Logic will get you from A to Z; imagination will get you everywhere." - Albert Einstein
10번째 명언: "One good thing about music, when it hits you, you feel no pain." - Bob Marley

이렇게 하니 3개의 웹페이지에서 명언, 명언을 말한 사람, Tags를 모두 출력하였습니다.

05 마지막으로 챗GPT에게 엑셀로 저장하라고 하면 되겠네요. 문맥을 살려서요!

아마 챗GPT가 파이썬 코드를 실행하여 데이터를 엑셀 파일로 저장하는 방법을 알려줬을 겁니다. 그대로 실행하면 3개의 웹페이지에서 총 30개의 명언을 추출하여 엑셀 파일로 저장까지 할 수 있게 됩니다.

Chapter 06

웹페이지를 이동하며 웹 크롤링하기(2)

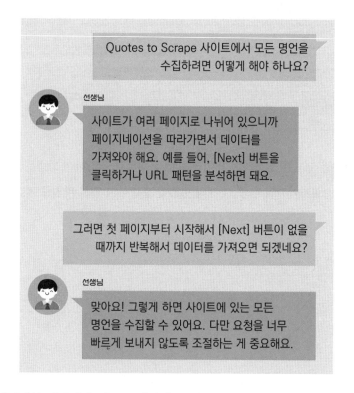

Quotes to Scrape 사이트에서 모든 명언을
수집하려면 어떻게 해야 하나요?

선생님
사이트가 여러 페이지로 나뉘어 있으니까
페이지네이션을 따라가면서 데이터를
가져와야 해요. 예를 들어, [Next] 버튼을
클릭하거나 URL 패턴을 분석하면 돼요.

그러면 첫 페이지부터 시작해서 [Next] 버튼이 없을
때까지 반복해서 데이터를 가져오면 되겠네요?

선생님
맞아요! 그렇게 하면 사이트에 있는 모든
명언을 수집할 수 있어요. 다만 요청을 너무
빠르게 보내지 않도록 조절하는 게 중요해요.

Chapter 05 '웹페이지를 이동하며 웹 크롤링하기(1)'에서 공부했던 내용을 떠올려보면 여전히 마음에 들지 않는 부분이 있습니다. 이 사이트의 전체 페이지에서 명언을 수집하는 방법이 완벽하지 않다는 점입니다. 예를 들어서 이 사이트의 끝은 어디일까요? 알 수 없습니다. 왜냐하면 사이트 자체에서 '몇 페이지가 이 사이트에서 제공하는 페이지의 끝이다'라고 명시하고 있지 않기 때문이죠. 결국은

우리 손으로 찾아내야 합니다. 예를 들어 주소 끝에 '/99'를 붙여서 99 페이지로 이동하면 다음과 같은 화면을 볼 수 있습니다.

99 페이지에는 아무것도 없네요. 그렇다면 어디가 끝일까요? 98? 97?, ..., 알 수 없습니다. 그렇다고 어디가 끝인지 알아보기 위해 주솟값을 바꿔가면서 알아내기도 참 난감합니다. 어떻게 알아낼 수 있을까요?

이 문제는 href라는 속성값을 이용하면 쉽게 해결할 수 있습니다. href 속성값은 class 속성값처럼 요소에 있는 값인데, 특수하게 웹페이지를 이동하기 위한 주소가 들어 있는 값입니다. 이번에는 속성값을 이용해서 웹페이지를 이동하며 웹 크롤링하는 방법을 공부하겠습니다.

01 우선 href 속성값이 있는 요소를 찾아야 합니다. 앞에서 언급했던 것처럼 href 속성값은 웹페이지를 이동하기 위한 주소가 들어 있는 값이므로, 화면상의 Next → ← Previous 와 같은 버튼에 들어 있습니다. 이 버튼을 누르면 웹페이지를 이동하니까 어찌 보면 당연한 추론입니다. ❶ Next → 버튼 위에 마우스 커서를 올리고 [검사]를 누른 다음 ❷ [Elements] 탭에서 실제로 이 버튼을 구현한 요소에 href 속성값이 있는지 확인해보세요.

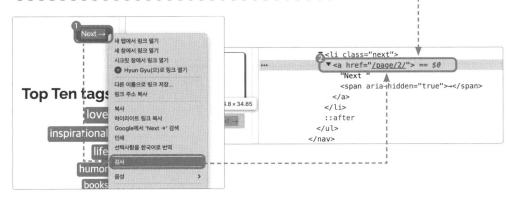

실제로 href 속성값에 주소가 보입니다. 바로 이 주소를 이용해서 페이지를 이동하는 것입니다. 실제로 주소를 클릭하면 해당 주소로 이동하면서 새 페이지를 보여줍니다.

02 그렇다면 이 값을 추출하여 메인 주소를 추가하고 페이지 이동을 하면서 웹 크롤링을 수행하라고 하면 됩니다. 구체적으로 a 요소의 위치를 표현하기 위해 클래스 속성값이 "next"인 li 요소 안에 있는~이라는 단서도 붙이겠습니다.

👤 💬   챗GPT   딥시크

파이썬, bs4로 크롤링, quotes.toscrape.com에서 클래스 속성값이 "next"인 li 요소 안에 있는 a 요소의 href 속성값을 이용해 페이지 이동을 하면서 클래스값이 "quote"인 div 요소의 텍스트를 추출

🤖 💬

아래 코드는 BeautifulSoup과 requests를 사용해 quotes.toscrape.com 웹사이트를 크롤링하며, 다음 페이지로 이동(class="next"의 a 요소에서 href를 추출)하면서 class="quote"인 div 요소의 텍스트를 추출 합니다.

```python
import requests
from bs4 import BeautifulSoup

# 기본 URL 설정
base_url = "http://quotes.toscrape.com"

# 시작 URL 설정
url = f"{base_url}/page/1"

while url:
  # 페이지 요청
  response = requests.get(url)
```

```python
    # 응답 확인
    if response.status_code == 200:
        # HTML 파싱
        soup = BeautifulSoup(response.text, 'html.parser')

        # 클래스가 quote인 div 요소 선택
        quotes = soup.find_all('div', class_='quote')

        # 각 quote 요소에서 텍스트 추출
        for index, quote in enumerate(quotes, start=1):
            # 명언 텍스트, 작가 이름, 태그 추출
            quote_text = quote.find('span', class_='text').get_text(strip=True)
            author = quote.find('small', class_='author').get_text(strip=True)
            tags = [tag.get_text(strip=True) for tag in quote.find_all('a',
class_='tag')]

            # 출력
            print(f"명언: {quote_text}")
            print(f"작가: {author}")
            print(f"태그: {', '.join(tags)}\n")

        # 다음 페이지 URL 찾기
        next_button = soup.find('li', class_='next')
        if next_button:
            next_page = next_button.find('a')['href']
            url = f"{base_url}{next_page}"  # 다음 페이지 URL 업데이트
        else:
            url = None  # 다음 페이지가 없으면 루프 종료
    else:
        print(f"Failed to fetch page. Status code: {response.status_code}")
        break
```

03 코드를 실행하면 페이지를 이동하면서 명언을 출력합니다. 약 2~4초 정도 명언을 출력하고 프로그램이 종료될 겁니다.

```
명언: "The world as we have created it is a process of our thinking.
It cannot be changed without changing our thinking."
작가: Albert Einstein
태그: change, deep-thoughts, thinking, world
명언: "It is our choices, Harry, that show what we truly are, far more than our
abilities."
작가: J.K. Rowling
태그: abilities, choices
 ... 생략 ...
명언: "... a mind needs books as a sword needs a whetstone, if it is to keep its
edge."
작가: George R.R. Martin
태그: books, mind
```

04 만약 몇 페이지에서 추출한 명언인지 알고 싶다면 문맥을 살려서 명언을 출력한 페이지의 주소를 맨 위에 출력하라고 추가 프롬프팅을 하면 됩니다.

몇 페이지에서 추출한 명언인지 알 수 있도록 추출한 페이지의 주소를 출력

아래 코드는 페이지 이동 시마다 현재 페이지의 URL을 함께 출력해, 명언이 어느 페이지에서 추출되었는지 알 수 있도록 수정한 버전입니다.

05 결과를 보면 주소가 보입니다. 이제 보니 10 페이지가 이 웹사이트의 끝이었네요. 이렇게 href 속성값을 이용하니 자동으로 웹페이지를 이동하면서 텍스트를 수집할 수 있게 되었습니다.

```
--- 현재 페이지 : http://quotes.toscrape.com/page/1 ---
명언 1: "The world as we have created it is a process of our thinking. It cannot
be changed without changing our thinking."
작가: Albert Einstein
태그: change, deep-thoughts, thinking, world
```

```
  ... 생략 ...

  --- 현재 페이지 : http://quotes.toscrape.com/page/9/ ---
  명언 1: "Anyone who has never made a mistake has never tried anything new."
  작가: Albert Einstein
  태그: mistakes
   ... 생략 ...
  명언 10: "I believe in Christianity as I believe that the sun has risen: not only
  because I see it, but because by it I see everything else."
  작가: C.S. Lewis
  태그: christianity, faith, religion, sun

  --- 현재 페이지 : http://quotes.toscrape.com/page/10/ ---      페이지 끝
  명언 1: "The truth." Dumbledore sighed. "It is a beautiful and terrible thing, and
  should therefore be treated with great caution."
  작가: J.K. Rowling
  태그: truth
   ... 생략 ...
  명언 10: "... a mind needs books as a sword needs a whetstone, if it is to keep
  its edge."
  작가: George R.R. Martin
  태그: books, mind
```

06 마지막으로 엑셀로 데이터를 저장하라고 요청하면 끝입니다. 열 지정까지 명확하게 하여 데이터를 받아봅시다.

                                                    챗GPT 딥시크

엑셀 파일로 데이터 저장, 페이지, 명언, 작가, 태그를 열로 구분해 저장

아래는 BeautifulSoup과 pandas를 사용해 quotes.toscrape.com 웹페이지에서 크롤링한 데이터를 엑셀 파일로 저장하는 코드입니다. 각 명언과 관련된 페이지 URL, 명언 텍스트, 작가, 태그를 열로 구분해 저장합니다.

07 챗GPT가 알려준 코드를 실행하면 엑셀 파일로 저장해줍니다.

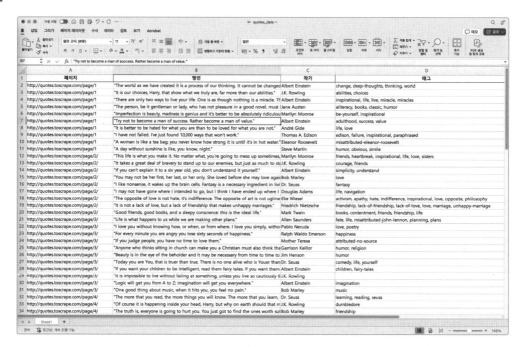

이것으로 quotes.toscrape.com 웹사이트에서 할 수 있는 기초 웹 크롤링 공부를 마치겠습니다. 이 기초 내용에 여러 변형을 적용하여 실전 웹 크롤링을 진행하겠습니다.

마무리 요약

개념 복습하기

☑ 웹페이지 주소에서 규칙을 발견하면 주소를 이동하면서 데이터를 수집할 수 있습니다.

☑ 주소를 이동할 때는 요소 중 href 속성값을 가진 요소를 활용하는 것이 더 효율적입니다.

프롬프팅 복습하기

☑ quotes.toscrape.com 웹페이지에서 /page/1, /page/2, /page/3으로 페이지를 순회

☑ li 요소 안에 있는 a 요소의 href 속성값을 이용해 페이지 이동

웹 크롤링으로 실제 웹사이트에서 정보 수집하기

이제는 실전에 들어가봅시다. 앞에서 기초를 연습했다면 이제는 그 기초 지식이 통하는지 살펴보면서 새로운 지식도 알아가는 과정이라고 생각하면 됩니다. 여기부터는 다양한 웹 크롤링 변형을 함께 공부합니다.

(Chapter 07)

EBS에서 고3 기출문제 파일 다운로드하기

> 동생이 시험 준비로 EBS에서 고3 기출문제를
> 다운로드하고 있는데 파일이 꽤 많네요.
> 하나하나 클릭해서 다운로드하면 되지만... 더 빨리
> 파일을 다운로드할 수 있는 방법이 없을까요?
> 파일 이름을 새로 정리하는 것도 힘들고요.

선생님

> 파일 다운로드 버튼을 누르거나 검색하는 동작은
> 지금까지 배운 bs4로는 할 수 없어요. 이럴 때는
> 셀레니움이라는 도구를 도입해야 합니다.

> 크롤링은 bs4로만 하면 된다고 생각했는데
> 아닌가 보네요. 그런데 셀레니움이 뭐죠?

선생님

> 셀레니움은 웹 브라우저를 실제로 조작할 수 있
> 는 자동화 라이브러리에요. bs4는 요소를 찾아
> 데이터만 추출하지만 이 도구는 웹 브라우저 자
> 체를 조작하므로 파일 다운로드나 검색 등의 조
> 작을 할 수 있어 유용합니다.

필요한 파일을 골라 다운로드하는 건 클릭 몇 번으로 할 수 있습니다. 하지만 파일의 내용이 많거나,

파일을 다운로드한 후에 파일 이름을 정리해야 한다면 아무래도 자동화 코드가 있으면 편리하겠죠. 여기서는 EBS 사이트의 [기출문제]에서 필요한 파일을 다운로드하고, 파일명을 정리하는 자동화 코드를 만들어봅니다.

01 우선 EBS 사이트의 [기출문제] 페이지에 접속해서 어떤 일을 해야 할지 살펴봅니다. 여기서 bs4로 하기 어려운 작업이 있습니다. 바로 [연도], [시험], [영역]에서 원하는 값을 체크하거나 선택하는 작업입니다. 또 [문제 ↓], [정답 ↓], [해설 ↓]와 같은 다운로드 버튼을 클릭하는 작업도 마찬가지입니다.

- **EBS 홈페이지** : ebsi.co.kr

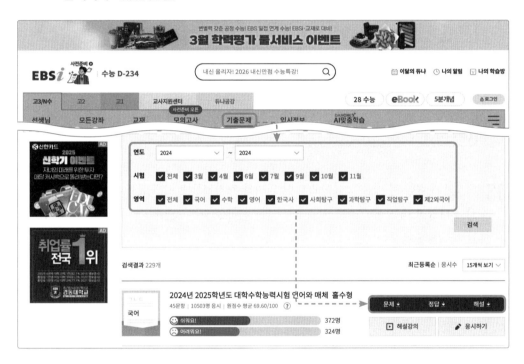

사용자의 동작을 필요로 하는 이런 작업은 bs4로는 할 수 없습니다. 새로운 도구인 셀레니움을 도입해야 합니다. 물론 우리가 새롭게 알아야 할 내용은 하나도 없습니다. 그저 프롬프팅에 '셀레니움을 이용해서~'라는 단서만 붙이면 됩니다.

> **NOTE** 여기서 실습하는 내용은 웹 크롤링보다는 자동화에 가깝습니다. 하지만 셀레니움의 동작 원리나 이후 실습에서 활용할 셀레니움을 연습한다는 차원에서는 많은 도움이 될 것입니다.

02 (PART 01) '웹 크롤링 빡세게 연습하기'에서는 웹 크롤링을 학습할 수 있는 사이트인 quotes.
toscrape.com에서 실습을 수행했지만 이제는 아닙니다. 그래서 robots.txt를 검사하고 웹 크롤
링을 수행하도록 하겠습니다. robots.txt를 확인하는 방법은 아주 간단합니다. 사이트 핵심 주소
끝에 /robots.txt를 입력하면 됩니다. 지금 우리가 확인하고 있는 EBS 사이트 주소가 ebsi.co.kr
이므로 ebsi.co.kr/robots.txt를 입력하면 됩니다. 그러면 다음과 같이 웹 크롤링에 대한 허용
범위를 적어 놓은 robots.txt의 내용이 보입니다. 대부분의 사이트는 /robots.txt 위치에 이 파
일을 두고 있습니다.

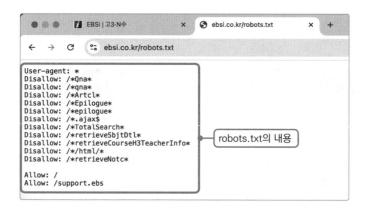

03 하지만 우리는 이 내용이 실제로 어떤 의미를 가지고 있는지 모릅니다. 하지만 분명한 것은 여
기에 나열한 내용에 맞게 웹 크롤링 작업을 해야 한다는 것입니다. 그래서 다음과 같은 과정으
로 챗GPT에게 물어보겠습니다.

1. robots.txt 내용 모두 복사

2. 우리가 웹 크롤링을 하려는 사이트 주소를 알려주면서 문제가 있는지 물어보기

Allow: /

Allow: /support.ebs

이 정책에 따르면 https://www.ebsi.co.kr/ebs/xip/xipc/previousPaperList.ebs?targetCd=D300는 크롤링해도 되는 곳이야?

✅ 해당 URL과 정책 비교

URL 경로:

```swift
/ebs/xip/xipc/previousPaperList.ebs?targetCd=D300
```

이 URL에는 **Disallow**에 명시된 패턴 중 어떤 것도 포함되어 있지 않습니다:

- `Qna` , `qna` → 없음
- `Artcl` , `Epilogue` , `epilogue` → 없음
- `.ajax` 로 끝남 → 아님
- `TotalSearch` , `retrieveSbjtDtl` , `retrieveCourseH3TeacherInfo` , `retrieveNotc` → 없음
- `/html/` 경로 포함 → 아님

✅ 결론

네, `https://www.ebsi.co.kr/ebs/xip/xipc/previousPaperList.ebs?targetCd=D300` 는 **robots.txt 정책상 크롤링 허용**됩니다.

결과를 보면 다행히 우리가 접속한 [기출문제] 페이지는 크롤링할 수 있다고 하네요. 그러면 이제 실습을 진행해도 괜찮습니다. 이렇게 웹 크롤링을 하기 전에는 robots.txt의 내용과 웹 크롤링을 하려는 목표 주소를 함께 전달하여 검토를 요청하세요.

04 그럼 다시 [기출문제] 페이지로 돌아가봅니다. 여기서 [시험]에 있는 체크 박스를 [3월]만 체크한 상태로 만들고 싶다면 어떻게 해야 할까요? ❶ 개발자 도구에서 [3월] 체크 박스 요소를 찾고 ❷ [Copy selector]를 눌러 요소 위치를 복사하고 다음과 같이 프롬프팅해봅시다. 이 프롬프팅으로 얻은 코드를 실행하면 셀레니움이 어떻게 동작하는지 알 수 있을 겁니다.

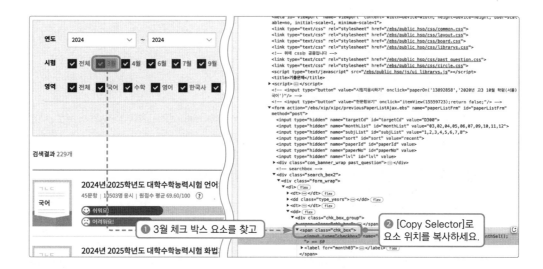

파이썬, 셀레니움으로 https://www.ebsi.co.kr/ebs/xip/xipc/previousPaperList.ebs?targetCd
=D300 사이트에 접속한 다음 #paperListFrm > div.search_box2 > div.form_wrap > dl > dd:nth-child(4)
> div > span:nth-child(2) 요소만 활성화된 상태로 만들기

셀레니움 설정

- 웹 드라이버는 코드 내에서 다운로드하여 설정하기

- 화면을 최대 크기로

- 실행 과정이 보이도록 헤드리스 모드 끄기

- 5초간 대기 후 웹 브라우저 종료

아래는 요청하신 조건에 맞춘 셀레니움 코드입니다:

- 셀레니움 웹드라이버를 코드 내에서 자동 다운로드 (webdriver-manager 사용)

- 헤드리스 모드 끄기 (실행 화면 보임)

- 브라우저 창 최대화

- 특정 요소만 활성화되도록 설정

- 5초 대기 후 종료

```python
from selenium import webdriver
from selenium.webdriver.common.by import By
from selenium.webdriver.chrome.service import Service
```

```python
from webdriver_manager.chrome import ChromeDriverManager
import time

# 크롬 옵션 설정
options = webdriver.ChromeOptions()
options.add_argument("--start-maximized")  # 브라우저 최대화
# 헤드리스 모드 끄기 → 별도 설정 없이 생략
# options.add_argument("--headless")  # 이 줄은 생략해야 창이 보임

# 웹드라이버 자동 다운로드 및 실행
service = Service(ChromeDriverManager().install())
driver = webdriver.Chrome(service=service, options=options)

# 사이트 접속
driver.get("https://www.ebsi.co.kr/ebs/xip/xipc/previousPaperList.
ebs?targetCd=D300")

# 페이지 로딩 시간 대기
time.sleep(2)

# 특정 요소만 활성화시키기 위해 해당 체크 박스 비활성화 처리
# 전체 체크 박스 span 요소 가져오기
checkboxes = driver.find_elements(By.CSS_SELECTOR, "#paperListFrm > div.search_
box2 > div.form_wrap > dl > dd:nth-child(4) > div > span")

# 모든 체크 해제 (활성화된 것은 클릭하면 해제됨)
for checkbox in checkboxes:
  input_tag = checkbox.find_element(By.TAG_NAME, "input")
  if input_tag.is_selected():
    checkbox.click()
    time.sleep(0.5)

# 두 번째 span 요소 클릭해서 활성화
target_checkbox = checkboxes[1]  # 두 번째 항목 (index 1)
input_tag = target_checkbox.find_element(By.TAG_NAME, "input")
if not input_tag.is_selected():
  target_checkbox.click()
```

```
# 5초 대기
time.sleep(5)

# 브라우저 종료
driver.quit()
```

05 코드를 실행해보면 'Chrome이 자동화된 테스트 소프트웨어에 의해 제어되고 있습니다.'라는 메시지와 함께 크롬 웹 브라우저가 실행됩니다. 메시지에서 볼 수 있듯 셀레니움은 코드를 통해 웹 브라우저 자체를 제어합니다. 그 덕분에 [3월] 체크 박스만 체크를 할 수도 있는 것이죠. 이 과정을 모두 수행한 후에는 5초 뒤 종료합니다.

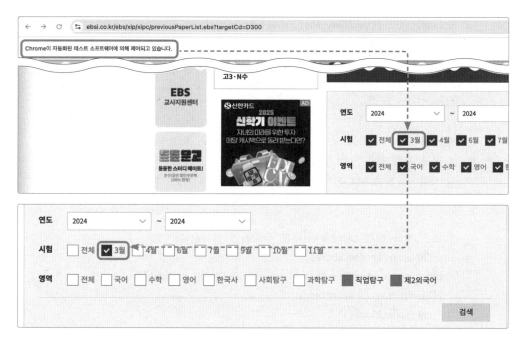

이렇게 셀레니움을 사용하면 코드를 통해 웹 브라우저를 실행하고, 클릭 등의 행위를 할 수 있습니다. 게다가 bs4로 수행하던 텍스트, 이미지 수집도 할 수 있습니다.

06 정말 그럴 수 있는지 한 번 해봅시다. '시험' 영역의 체크 박스에서 [3월]만 체크하고 '영역'은 [전체]를 체크한 후에 [검색]을 누를 수 있도록 프롬프트를 다시 작성해봅시다.

챗GPT 딥시크

파이썬, 셀레니움으로 https://www.ebsi.co.kr/ebs/xip/xipc/previousPaperList.ebs?targetCd=D300 사이트에 접속하여 다음 작업 수행

작업

1. 시험의 체크 박스 모두 해제 : #paperListFrm > div.search_box2 > div.form_wrap > dl > dd:nth-child(4) > div > span:nth-child(1) 요소를 누르기

2. 3월 체크 박스만 체크 : #paperListFrm > div.search_box2 > div.form_wrap > dl > dd:nth-child(4) > div > span:nth-child(2) 요소를 누르기

3. 영역의 전체 체크 박스만 체크 : #paperListFrm > div.search_box2 > div.form_wrap > dl > dd:nth-child(6) > div > span:nth-child(1) 요소를 누르기

4. 검색 버튼 클릭 : #paperListFrm > div.search_box2 > div.btn_wrap > button > span

셀레니움 설정

- 웹 드라이버는 코드 내에서 다운로드하여 설정하기

- 화면을 최대 크기로

- 실행 과정이 보이도록 헤드리스 모드 끄기

- 5초간 대기 후 웹 브라우저 종료

아래는 요청하신 작업을 수행하는 파이썬 셀레니움 코드입니다.

...생략...

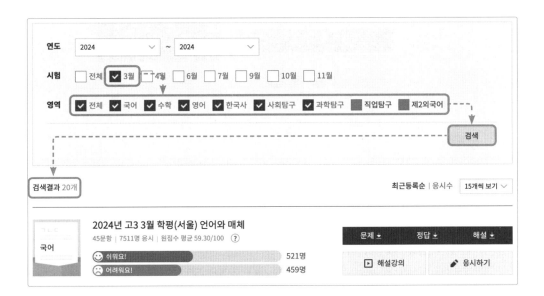

코드를 실행하면 시험에서는 [3월]만 체크하고, 영역에서는 [전체]를 체크한 뒤 [검색] 버튼을 눌러 검색 결과 20개로 변경합니다. 이제 여기서 조금만 더 나아가면 검색 결과에 나타난 문제 파일을 모두 다운로드할 수 있습니다. 다만 EBS에서 파일을 다운로드하려면 로그인 과정을 수행해야 하므로 이 과정을 프롬프트로 처리하겠습니다.

07 로그인 페이지 주소를 복사하고, 아이디와 비밀번호를 입력할 수 있는 요소의 위치, [로그인] 버튼 요소 위치를 찾은 후 다음과 같이 기존 프롬프트를 수정합니다.

- 아이디를 입력하는 요소의 위치 : #loginFrm 〉 input[type=text]:nth-child(11)

- 비밀번호를 입력하는 요소의 위치 : #loginFrm 〉 span 〉 input

- 로그인 버튼 요소의 위치 : #btnLogin

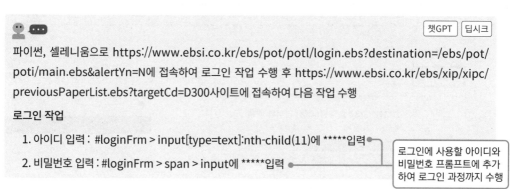

챗GPT 딥시크

파이썬, 셀레니움으로 https://www.ebsi.co.kr/ebs/pot/potl/login.ebs?destination=/ebs/pot/poti/main.ebs&alertYn=N에 접속하여 로그인 작업 수행 후 https://www.ebsi.co.kr/ebs/xip/xipc/previousPaperList.ebs?targetCd=D300사이트에 접속하여 다음 작업 수행

로그인 작업

1. 아이디 입력 : #loginFrm > input[type=text]:nth-child(11)에 *****입력 ●

2. 비밀번호 입력 : #loginFrm > span > input에 *****입력 ●

로그인에 사용할 아이디와 비밀번호 프롬프트에 추가하여 로그인 과정까지 수행

3. 로그인 버튼 요소의 위치 : #btnLogin 클릭

작업

1. 시험의 체크 박스 모두 해제 : #paperListFrm > div.search_box2 > div.form_wrap > dl > dd:nth-child(4) > div > span:nth-child(1) 요소를 누르기

2. 3월 체크 박스만 체크 : #paperListFrm > div.search_box2 > div.form_wrap > dl > dd:nth-child(4) > div > span:nth-child(2) 요소를 누르기

3. 영역의 전체 체크 박스만 체크 : #paperListFrm > div.search_box2 > div.form_wrap > dl > dd:nth-child(6) > div > span:nth-child(1) 요소를 누르기

4. 검색 버튼 클릭 : #paperListFrm > div.search_box2 > div.btn_wrap > button > span

셀레니움 설정

1. 웹 드라이버는 코드 내에서 다운로드하여 설정하기

2. 화면을 최대 크기로

3. 실행 과정이 보이도록 헤드리스 모드 끄기

4. 5초간 대기 후 웹 브라우저 종료

아래는 요청하신 작업을 수행하는 파이썬 셀레니움 코드입니다. ***** 부분은 실제 아이디와 비밀번호로 대체해주세요.

...생략...

코드를 실행하면 로그인 처리가 끝난 다음 **06**에서 수행한 과정이 모두 진행될 것입니다. 이제 다운로드만 수행하면 되겠네요!

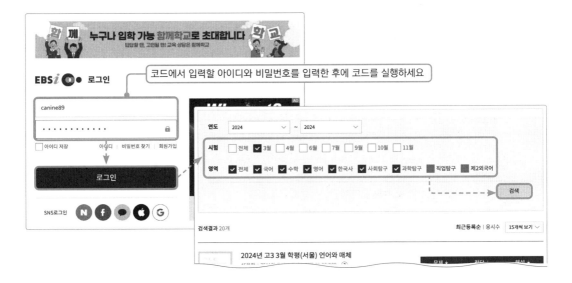

08 [문제 ↓] 다운로드 버튼 요소 위치만 찾아서 문맥을 살려 다음과 같이 이어 프롬프팅해보세요. 모든 [문제 ↓] 다운로드 버튼을 클릭하려면 순회 개념을 사용해야 합니다.

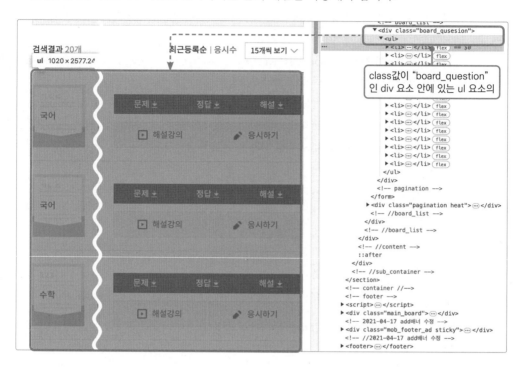

그림에서 설명하듯 class값이 "board_qusesion"인 div 요소 안에 있는 ul 요소의 li 요소들을 순회하면서 [문제 ↓] 다운로드 버튼을 누르면 됩니다.

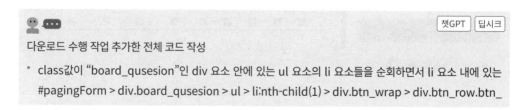

down_row > button:nth-child(1) 버튼을 클릭

* 버튼을 클릭하면 PDF가 새 창으로 열리며 파일이 다운로드 됨, 새 창에서 파일 다운로드가 완료되면 새 창은 닫기

아래는 로그인 → 조건 설정 → 검색 → 각 항목 다운로드 버튼 클릭 → 브라우저 종료까지 모두 포함한 전체 셀레니움 코드입니다.

...생략...

코드를 실행하면 EBS에 로그인한 다음, 기출문제 파일을 3월, 전체 과목을 기준으로 총 15개의 파일을 다운로드할 것입니다. 이때 PDF 새 창이 열리면 파일은 자동으로 다운로드되며, 다운로드 후 새 창을 닫는 것을 반복합니다.

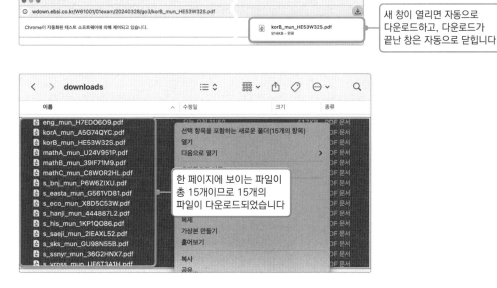

이렇게 EBS 웹사이트에서 기출문제를 다운로드하는 프로그램을 만들었습니다. 과정은 복잡해 보이지만 결코 어려운 것이 아닙니다. 결국 우리가 하려는 작업을 순서대로 자동화한 것에 불과합니다. 다시 생각해보면 다음과 같은 일을 자동화했습니다.

1. EBS에 로그인

2. 기출문제 페이지에서 원하는 월, 분야 선택

3. 파일 목록 다운로드

이렇듯 셀레니움은 클릭과 같은 조작을 할 수 있어 더 넓은 범위에서 데이터를 수집하고 싶을 때 유용합니다.

09 마지막으로 다운로드할 파일의 이름이 영어로 되어 있고 명확하게 어떤 파일인지 알기 어려우므로 파일 이름을 EBS 사이트에서 본 이름으로 저장하는 과정을 추가하겠습니다. 파일 이름의 요소 위치를 프롬프트에 추가하여 파일을 저장할 때 사용하라고 하면 됩니다. 이때 파일 이름의 요소의 특징이 li:nth-child(1), li:nth-child(2), ...로 나머지 요소 위치 표시자가 같고 다른 점만 확실히 알려주면 코드를 더 잘 작성해줍니다.

챗GPT | 딥시크

파일을 저장할 때 다음 요소의 텍스트를 파일 이름으로 사용

- 1번째 파일 이름 : #pagingForm > div.board_qusesion > ul > li:nth-child(1) > div.txt_wrap > div.txt_group > p
- 2번째 파일 이름 : #pagingForm > div.board_qusesion > ul > li:nth-child(2) > div.txt_wrap > div.txt_group > p
- ...

좋습니다! 요청하신 내용을 반영하여 각 PDF를 다운로드할 때, li 요소 안의 p 태그에 있는 텍스트를 추출해서 파일 이름으로 사용하도록 코드를 수정했습니다. 셀레니움은 다운로드된 파일명을 자동으로 지정하므로, 파일 다운로드 후 파일명을 추출한 텍스트로 바꾸는 작업이 필요합니다.

...생략...

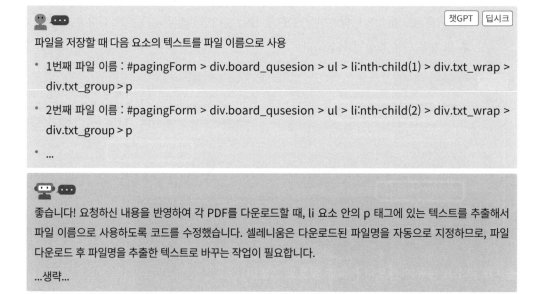

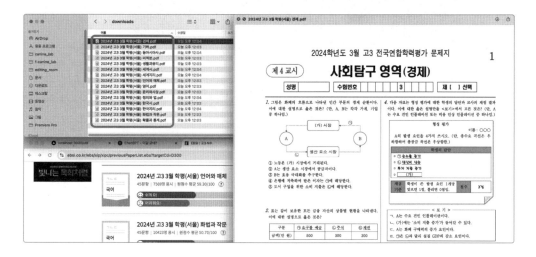

코드를 실행하니 사이트에 있던 파일 이름으로 저장해주었습니다. 이렇게 요소 위치만 정확하게 지정하여 원하는 작업을 이야기해주면 데이터를 수집함과 동시에 정리까지 끝낼 수 있습니다.

Chapter 08

기상청 웹사이트 크롤링하기

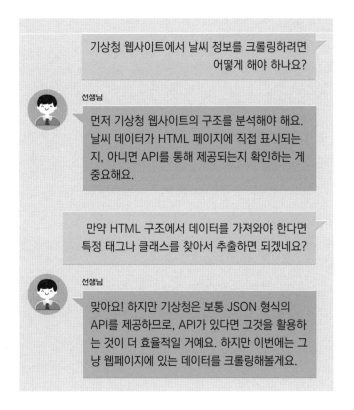

기상청 웹사이트에서 날씨 정보를 크롤링하려면 어떻게 해야 하나요?

선생님

먼저 기상청 웹사이트의 구조를 분석해야 해요. 날씨 데이터가 HTML 페이지에 직접 표시되는지, 아니면 API를 통해 제공되는지 확인하는 게 중요해요.

만약 HTML 구조에서 데이터를 가져와야 한다면 특정 태그나 클래스를 찾아서 추출하면 되겠네요?

선생님

맞아요! 하지만 기상청은 보통 JSON 형식의 API를 제공하므로, API가 있다면 그것을 활용하는 것이 더 효율적일 거예요. 하지만 이번에는 그냥 웹페이지에 있는 데이터를 크롤링해볼게요.

요즘이야 날씨 앱이 있어서 누구나 언제든 날씨 정보를 확인할 수 있지만 더 많은 날씨 정보를 보고 싶다면 직접 기상청 웹사이트를 크롤링하는 방법도 있습니다.

01 기상청 홈페이지의 날씨 정보를 웹 크롤링하겠습니다. 다음 사이트에 접속하면 여러 날씨 정보를 확인할 수 있습니다.

- **기상청 홈페이지** : www.weather.go.kr

날씨에는 기상특보, 예보가 있습니다. 그리고 기상특보, 예보에는 각각 하위 항목들이 많습니다. 이 중에서 특보현황을 크롤링하겠습니다.

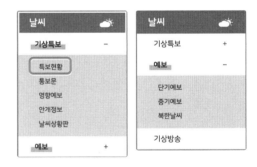

02 가장 먼저 메뉴의 주소를 알아내는 과정이 필요합니다. 앞서 주소를 알아내는 방법은 2가지가 있다고 했습니다.

- 그냥 접속해서 주소 알아내기

- a 요소에서 href 속성값 찾아내기

전자의 방법은 해당 메뉴를 눌러서 알아내면 되는 방법이고 후자의 방법은 개발자 도구의 [Elements] 탭에서 요소를 찾는 작업입니다. 이번에는 1개의 메뉴만 살펴보면 되는 것이므로 해당 메뉴를 눌러 접속해서 주소를 복사하는 방법을 사용하려고 합니다. 각 메뉴에 접속한 주소는 다음과 같습니다.

- 기상특보

  ◦ 특보현황 : https://www.weather.go.kr/w/weather/warning/status.do

  ◦ 통보문 : https://www.weather.go.kr/w/weather/warning/list.do

  ◦ 영향예보 : https://www.weather.go.kr/w/weather/warning/impact/impact-stn.do

  ◦ 안개정보 : https://www.weather.go.kr/w/weather/warning/fog.do

  ◦ 날씨상황판 : https://www.weather.go.kr/w/weather/warning/dashboard.do

- 예보

  ◦ 단기예보 : https://www.weather.go.kr/w/weather/forecast/short-term.do

  ◦ 중기예보 : https://www.weather.go.kr/w/weather/forecast/mid-term.do

  ◦ 북한날씨 : https://www.weather.go.kr/w/weather/forecast/nk-weather/nk-land-forecast.do

03 여기서 특보현황 사이트의 정보를 가져옵니다. 특보현황에서 스크롤을 내리면 '특보 상세내역 보기' 표가 분류에 따라 잘 정리되어 있어 확인하기 용이하므로, 이 표의 데이터를 가져오겠습니다. [Elements] 탭에서 요소를 검사하면 table 요소에 클래스값이 굉장히 많습니다.

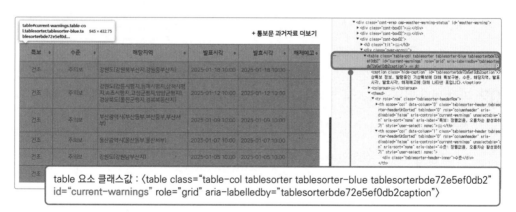

table 요소 클래스값 : ⟨table class="table-col tablesorter tablesorter-blue tablesorterbde72e5ef0db2" id="current-warnings" role="grid" aria-labelledby="tablesorterbde72e5ef0db2caption"⟩

04 이럴 때는 **클래스값**이 아니라 **아이디값**에 주목하는 편이 낫습니다. 앞서 클래스값은 같은 사과라도 별명을 지어서 불러주는 느낌이라고 했다면 아이디는 유일한 값입니다. 지금 table 요소에는 id라는 속성값이 있는데 유일한 값이므로 이것을 활용해봅시다.

                                                                                    챗GPT   딥시크
파이썬, bs4 사용, https://www.weather.go.kr/w/weather/warning/status.do에서 아이디값이 current-warnings인 table 요소 크롤링

아래는 Python의 bs4(BeautifulSoup)를 사용해 https://www.weather.go.kr/w/weather/warning/status.do 페이지에서 id="current-warnings" 값을 가진 테이블을 크롤링하는 코드입니다.

```python
import requests
from bs4 import BeautifulSoup

# URL 설정
url = "https://www.weather.go.kr/w/weather/warning/status.do"

# HTTP GET 요청
response = requests.get(url)

# 요청 성공 여부 확인
if response.status_code == 200:
    # HTML 파싱
    soup = BeautifulSoup(response.text, 'html.parser')

    # id가 'current-warnings'인 table 요소 찾기
    table = soup.find('table', id='current-warnings')

    # table 요소가 있는지 확인 후 출력
    if table:
        print(table.prettify())
    else:
        print("id='current-warnings'인 table 요소를 찾을 수 없습니다.")
else:
    print(f"HTTP 요청 실패. 상태 코드 : {response.status_code}")
```

05 그런데 코드 실행 결과가 이상합니다.

> id='current-warnings' 테이블을 찾을 수 없습니다.

왜 그럴까요? 이건 뷰티풀수프[bs4]의 한계입니다. 이 도구를 시도했을 때 크롤링이 되지 않으면 셀레니움을 사용해야 합니다.

> **NOTE** 본문에서 사용하는 bs4는 뷰티풀수프(BeautifulSoup)의 약칭입니다.

06 이처럼 bs4로 먼저 크롤링을 시도하였을 때 잘되지 않으면 셀레니움을 사용하세요.

👤💬   챗GPT 딥시크

파이썬, 셀레니움으로 크롤링, 크롬 웹 드라이버는 코드에서 다운로드 후 크롤링 진행, https://www.weather.go.kr/w/weather/warning/status.do에서 아이디값이 current-warnings인 table 요소의 데이터 추출

🤖💬

아래는 파이썬과 셀레니움을 사용해 요청한 웹사이트의 데이터를 크롤링하고, 크롬 웹 드라이버를 코드에서 다운로드해 사용하는 코드 예제입니다.

```python
import os
import time
from selenium import webdriver
from selenium.webdriver.common.by import By
from selenium.webdriver.chrome.service import Service
from webdriver_manager.chrome import ChromeDriverManager
from selenium.webdriver.chrome.options import Options

# 크롬 옵션 설정
chrome_options = Options()
chrome_options.add_argument("--headless")  # 브라우저를 표시하지 않음
chrome_options.add_argument("--no-sandbox")
chrome_options.add_argument("--disable-dev-shm-usage")
```

```
# 크롬 드라이버 다운로드 및 설정
driver = webdriver.Chrome(service=Service(ChromeDriverManager().install()),
options=chrome_options)

try:
  # 웹사이트로 이동
  url = "https://www.weather.go.kr/w/weather/warning/status.do"
  driver.get(url)
  time.sleep(3)  # 페이지 로딩 대기

  # 데이터 추출
  table = driver.find_element(By.ID, "current-warnings")
  rows = table.find_elements(By.TAG_NAME, "tr")

  # 테이블 데이터 출력
  for row in rows:
    cells = row.find_elements(By.TAG_NAME, "td")
    row_data = [cell.text for cell in cells]
    print(row_data)

finally:
  # 드라이버 종료
  driver.quit()
```

07 코드를 실행하면 비로소 제대로 된 데이터를 추출하여 보여줍니다.

```
                                                                        결과
['건조', '주의보', '강원도(강원북부산지,강원중부산지)',
'2025-01-18 10:00', '2025-01-18 10:00', '']
['건조', '주의보', '강원도(강릉시평지,동해시평지,삼척시평지,속초시평지,고성군평지,양
양군평지),경상북도(울진군평지,경북북동산지)', '2025-01-12 10:00', '2025-01-12 10:00',
'']
['건조', '주의보', '부산광역시(부산동부,부산중부,부산서부)', '2025-01-09 10:00',
'2025-01-09 10:00', '']
```

```
['건조', '주의보', '울산광역시(울산동부,울산서부)', '2025-01-07 10:00', '2025-01-07
10:00', '']
['건조', '주의보', '강원도(강원남부산지)', '2025-01-05 10:00', '2025-01-05 10:00', '']
['건조', '주의보', '경상북도(영덕군,포항시,경주시)', '2024-12-13 10:00', '2024-12-13
10:00', '']
```

08 이제 데이터를 엑셀로 저장해봅시다. 문맥을 살려서 프롬프팅하세요.

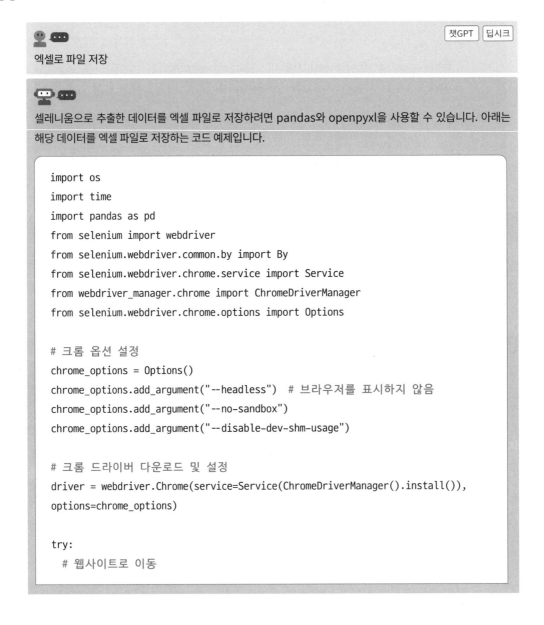

```python
url = "https://www.weather.go.kr/w/weather/warning/status.do"
driver.get(url)
time.sleep(3)  # 페이지 로딩 대기

# 데이터 추출
table = driver.find_element(By.ID, "current-warnings")
rows = table.find_elements(By.TAG_NAME, "tr")

# 테이블 데이터를 리스트로 저장
data = []
for row in rows:
    cells = row.find_elements(By.TAG_NAME, "td")
    row_data = [cell.text for cell in cells]
    if row_data:  # 빈 행 제외
        data.append(row_data)

# 데이터프레임 생성
df = pd.DataFrame(data)

# 엑셀 파일로 저장
output_file = "weather_warnings.xlsx"
df.to_excel(output_file, index=False, header=False, engine='openpyxl')
print(f"데이터가 '{output_file}'에 저장되었습니다.")

finally:
    # 드라이버 종료
    driver.quit()
```

09 코드를 실행하면 데이터를 엑셀 파일로 저장한 것을 볼 수 있습니다.

	A	B	C	D	E
1	건조	주의보	강원도(강원북부산지,강원중부산지)	2025-01-18 10:00	2025-01-18 10:00
2	건조	주의보	강원도(강릉시평지,동해시평지,삼척시평지,속초시평지,ㄱ	2025-01-12 10:00	2025-01-12 10:00
3	건조	주의보	부산광역시(부산동부,부산중부,부산서부)	2025-01-09 10:00	2025-01-09 10:00
4	건조	주의보	울산광역시(울산동부,울산서부)	2025-01-07 10:00	2025-01-07 10:00
5	건조	주의보	강원도(강원남부산지)	2025-01-05 10:00	2025-01-05 10:00
6	건조	주의보	경상북도(영덕군,포항시,경주시)	2024-12-13 10:00	2024-12-13 10:00
7					

📋 마무리 요약

개념 복습하기

☑ bs4로 크롤링이 되지 않을 때는 셀레니움을 사용하면 됩니다.

☑ 클래스값이 너무 많으면 요소를 찾기 어려울 수 있습니다. 그럴 때는 아이디값을 활용해보세요. 아이디값은 유일합니다.

프롬프팅 복습하기

☑ 파이썬, 셀레니움으로 크롤링, 크롬 웹 드라이버는 코드에서 다운로드 후 크롤링 진행

## Chapter 09

알리익스프레스 사이트에서 이미지 추출하기

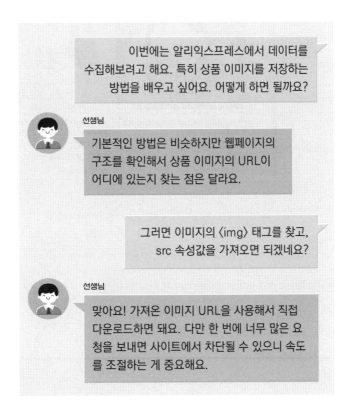

이제 알리익스프레스 사이트도 크롤링해봅시다. 지금까지는 텍스트 데이터만 추출했다면 이번에는 상품 이미지를 추출해보겠습니다.

01 알리익스프레스에서 헤드폰을 검색해서 나오는 검색 결과의 이미지를 크롤링하겠습니다. 이번 실습에서는 이미지를 크롤링하기 위해 어떤 과정을 거쳐야 하는지 유심히 읽어보면서 실습하기 바랍니다.

- **알리익스프레스 홈페이지** : https://ko.aliexpress.com

02 알리익스프레스의 검색어 요소의 위치는 아이디값이 search-words인 input 요소입니다.

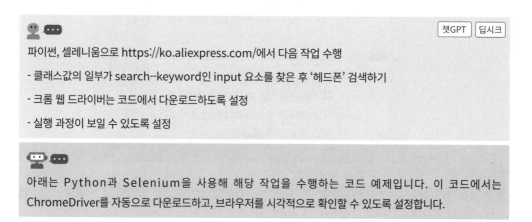

```python
from selenium import webdriver
from selenium.webdriver.chrome.service import Service
from selenium.webdriver.common.by import By
from selenium.webdriver.common.keys import Keys
from webdriver_manager.chrome import ChromeDriverManager
import time

# 크롬 옵션 설정 (브라우저 시각적으로 보이게 설정)
options = webdriver.ChromeOptions()
options.add_argument("--start-maximized")  # 브라우저 최대화

# ChromeDriver 다운로드 및 설정
service = Service(ChromeDriverManager().install())
driver = webdriver.Chrome(service=service, options=options)

try:
    # 알리익스프레스 웹사이트로 이동
    driver.get("https://ko.aliexpress.com/")

    # 잠시 대기 (웹사이트 로드 시간 고려)
    time.sleep(3)

    # 검색창 요소 찾기 (아이디가 search-words인 요소)
    search_box = driver.find_element(By.ID, "search-words")

    # 검색창에 '헤드폰' 입력 후 Enter 키 입력
    search_box.send_keys("헤드폰")
    search_box.send_keys(Keys.RETURN)

    # 결과 확인을 위한 대기
    time.sleep(5)

finally:
    # 브라우저 닫기
    driver.quit()
```

03 코드를 실행하면 웹 브라우저가 열리고 검색어인 헤드폰을 입력해 검색 목록으로 넘어가는 것을 확인할 수 있습니다.

04 헤드셋 이미지만 추출하도록 프롬프팅을 작성하기 위해 [Elements] 탭을 확인하여 이미지의 요소 위치를 파악해봅니다. 이미지를 포함하는 요소의 구조를 자세히 들여다보기 바랍니다. 가장 먼저 모든 이미지를 담고 있는 요소를 찾아야 합니다. 다음 그림과 같이 모든 이미지는 아이디값이 card-list인 div 요소에 들어 있습니다. 이것을 모두 찾습니다.

> **NOTE** 이 과정을 어렵다거나 귀찮게 생각하면 안 됩니다. 대부분의 사이트는 복잡한 구조로 이루어져 있으며, 그곳에 여러분이 가져오고 싶은 데이터가 있을 수도 있습니다. 그렇기 때문에 데이터를 가져오기 위해서는 화면의 구조를 살펴보는 과정은 필수이면서 중요한 과정이므로 꼭 진행하기 바랍니다.

> **NOTE** 클래스값으로 찾아도 되지만 웹페이지에서 유일한 요소인 아이디값이 있다면 그것으로 찾는 것이 더 유리합니다.

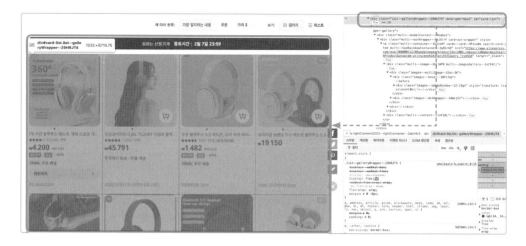

모두 찾았다면, 그 안에서 이미지와 상품 정보를 담고 있는 요소를 찾습니다. 그림처럼 이미지의 모든 정보를 담고 있는 요소는 클래스값이 list--gallery--C2f2tvm 또는 search-item-card-wrapper-gallery인 div 요소입니다. 두 클래스값 중 무작위값이 없는 search-item-card-wrapper-gallery를 프롬프트에 사용하겠습니다.

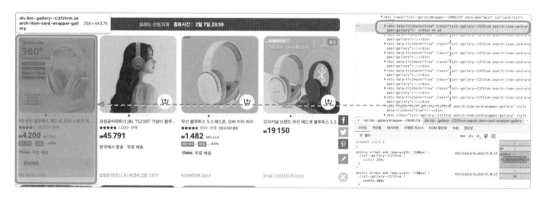

이제 이미지를 찾습니다. 현재 상품 상세 보기에는 1개의 상품당 이미지가 7개씩 삽입되어 있습니다. 이미지는 그림에서 보듯 상세 요소 안에 여러 개의 img 요소로 구성되어 있습니다. 우리는 첫 번째 img 요소에서 이미지를 크롤링할 겁니다.

05 이 과정을 모두 이해해야 데이터를 가져오기 위한 요소를 정확히 파악하여 프롬프팅을 할 수 있습니다. 여기서는 문맥 없이 새로 프롬프팅하겠습니다. 그리고 제가 크롤링을 여러 번 시도해본 결과 알리익스프레스에서 img 요소의 이미지 중에는 base64라는 인코딩이 되어 있는 것도 있어서 이 과정도 처리해야 합니다. base64은 구체적으로 설명하기에는 이 책의 범위를 넘어가므로 우선은 그냥 외우기 바랍니다.

챗GPT │ 딥시크

파이썬, 셀레니움으로 https://ko.aliexpress.com/에서 다음 작업 수행

- 클래스값의 일부가 search--keyword인 input 요소를 찾은 후 '헤드폰' 검색하기
- 클래스값이 search-item-card-wrapper-gallery인 div 요소를 모두 순회하면서, 첫 번째 img 요소의 이미지를 images 폴더에 저장
- 이미지 다운로드 시 속도를 1초로 조절하고, WebDriverWait으로 이미지를 찾을 때까지 기다렸다가 이미지 저장
- 이미지 저장 시 base64로 인코딩된 이미지는 이미지 저장에서 제외
- 크롬 웹 드라이버는 코드에서 다운로드하도록 설정
- 실행 과정이 보일 수 있도록 헤드리스 모드 켜지 않도록 설정 ┌ 실행 과정을 눈으로 보고 싶지 않다면 이 프롬프트는 제외해도 됩니다!
- 사람처럼 보이도록 설정

아래는 요청한 작업을 수행하는 파이썬 코드입니다. 셀레니움과 기타 필요한 라이브러리를 사용해 Aliexpress에서 데이터를 크롤링합니다.

```
import os
import time
import base64
from selenium import webdriver
from selenium.webdriver.chrome.service import Service
from selenium.webdriver.common.by import By
from selenium.webdriver.common.keys import Keys
from selenium.webdriver.support.ui import WebDriverWait
from selenium.webdriver.support import expected_conditions as EC
from selenium.webdriver.chrome.options import Options
from selenium.webdriver.chrome.service import Service as ChromeService
from selenium.webdriver.common.action_chains import ActionChains
from selenium.webdriver.common.desired_capabilities import DesiredCapabilities
from urllib.parse import urlparse
```

```python
import requests

# 크롬 드라이버 설치 (자동 설치)
from webdriver_manager.chrome import ChromeDriverManager

# 저장 폴더 설정
if not os.path.exists("images"):
    os.makedirs("images")

# 크롬 드라이버 옵션 설정
options = Options()
options.add_argument("--start-maximized")  # 브라우저 창 최대화
options.add_argument("--disable-blink-features=AutomationControlled")
# 자동화 방지 우회
options.add_experimental_option("excludeSwitches", ["enable-automation"])
options.add_experimental_option("useAutomationExtension", False)

# 헤드리스 모드 비활성화 (실행 과정 보이도록 설정)
options.headless = False

# 크롬 드라이버 서비스 설정
service = ChromeService(executable_path=ChromeDriverManager().install())

# 브라우저 시작
driver = webdriver.Chrome(service=service, options=options)
wait = WebDriverWait(driver, 10)

try:
    # Aliexpress 홈페이지로 이동
    driver.get("https://ko.aliexpress.com/")

    # 검색창에 접근
    search_box = wait.until(EC.presence_of_element_located((By.ID, "search-
key")))
    search_box.send_keys("헤드폰")
    search_box.send_keys(Keys.RETURN)
```

```python
    # 검색 결과 로딩 대기
    time.sleep(2)

    # 클래스값이 search-item-card-wrapper-gallery인 요소 찾기
    product_cards = wait.until(
        EC.presence_of_all_elements_located((By.CLASS_NAME, "search-item-card-
wrapper-gallery"))
    )

    # 각 제품에서 첫 번째 이미지 다운로드
    for idx, card in enumerate(product_cards, start=1):
        try:
            # 이미지 찾기
            img = card.find_element(By.TAG_NAME, "img")
            img_src = img.get_attribute("src")

            # base64로 인코딩된 이미지는 건너뜀
            if img_src.startswith("data:image"):
                continue

            # 이미지 다운로드 및 저장
            img_data = requests.get(img_src).content
            file_name = os.path.join("images", f"image_{idx}.jpg")
            with open(file_name, "wb") as file:
                file.write(img_data)

            print(f"이미지 저장 완료: {file_name}")

            # 속도 조절
            time.sleep(1)

        except Exception as e:
            print(f"이미지 다운로드 중 오류 발생: {e}")

finally:
    # 브라우저 종료
    driver.quit()
```

06 코드를 실행하면 이미지를 다운로드합니다. 참고로 알리익스프레스 사이트는 같은 코드를 실행해도 셀레니움이 띄운 웹 브라우저의 상태나 상황에 따라 다운로드하는 이미지의 개수가 달라집니다. 이 점 유의해 코드 실행 후 결과를 살펴보기 바랍니다.

🖼️ 마무리 요약

개념 복습하기

☑️ 이미지를 추출할 때는 img 요소를 찾으면 됩니다.

☑️ 이미지 다운로드 시 속도를 조절하지 않으면 서버에 부하를 줄 수 있습니다. 반드시 속도를 느리게 조절하여 요청하기 바랍니다.

프롬프팅 복습하기

☑️ img 요소의 이미지를 images 폴더에 저장

☑️ 이미지 다운로드 시 속도를 1초로 조절하고, WebDriverWait으로 이미지를 찾을 때까지 기다렸다가 이미지 저장

(Chapter 10)

성형외과 사이트 가격 크롤링하기

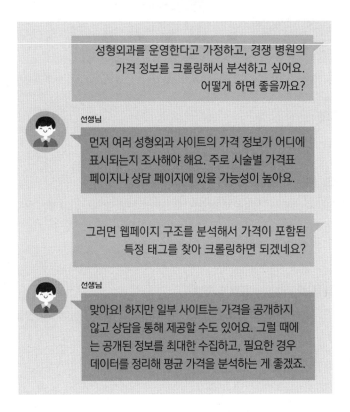

> 성형외과를 운영한다고 가정하고, 경쟁 병원의 가격 정보를 크롤링해서 분석하고 싶어요. 어떻게 하면 좋을까요?

선생님
먼저 여러 성형외과 사이트의 가격 정보가 어디에 표시되는지 조사해야 해요. 주로 시술별 가격표 페이지나 상담 페이지에 있을 가능성이 높아요.

> 그러면 웹페이지 구조를 분석해서 가격이 포함된 특정 태그를 찾아 크롤링하면 되겠네요?

선생님
맞아요! 하지만 일부 사이트는 가격을 공개하지 않고 상담을 통해 제공할 수도 있어요. 그럴 때에는 공개된 정보를 최대한 수집하고, 필요한 경우 데이터를 정리해 평균 가격을 분석하는 게 좋겠죠.

여러분이 성형외과를 운영하는 사람이라고 생각해봅시다. 경쟁하는 수많은 성형외과 사이트의 제품, 시술, 수술 등의 가격을 알고 싶겠죠? 그래야 자신이 운영하는 성형외과의 가격 경쟁력을 높일 수 있을테니까요. 바로 시작해봅시다.

01 우선 사이트를 살펴보는 것부터 시작합니다. 다음 사이트에 접속해서 둘러봅시다.

- **성형외과 홈페이지** : cheongju.shinebeam.co.kr

우선 가장 관심 있는 가격부터 살펴볼까요? 먼저 [시술안내/가격]으로 들어가면 상단에 [스킨케어/필링], [미백/색소/홍조] 등의 메뉴가 있고 그 하위에는 시술 종류가 있습니다.

시술 종류를 누르면 그 안에 해당 시술의 다양한 옵션이 있습니다. 우리가 원하는 건 이 옵션의 이름과 가격입니다. 여기를 크롤링할 최종 웹페이지라고 생각하면 되겠네요.

02 그럼 이제 구조를 정리해봅시다. 웹사이트의 메인 페이지에서 시작해 [시술안내/가격]을 누른 다음, 시술 카테고리를 고르고, 이후에 해당 시술을 눌러 들어간 웹페이지가 최종 목표네요. 구조를 머릿속에 펼치면 이런 모습일 겁니다.

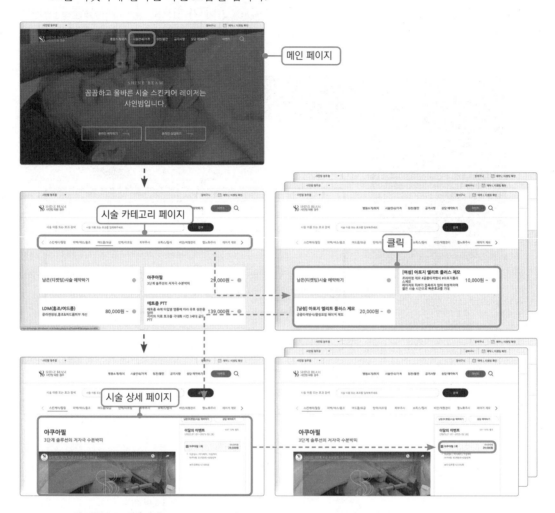

메인 페이지 → 시술 카테고리 페이지 → 시술 상세 페이지(여기에 가격이 있습니다)와 같은 순서로 페이지를 이동하는 모습을 생각하면 됩니다. 크롤링할 정보가 있는 시술 상세 페이지 같은 경우 모든 페이지의 구조가 같습니다! 그러므로 시술 상세 페이지를 크롤링할 수 있으면 나머지는 주소만 전달하는 식으로 전체 상품의 가격을 크롤링할 수 있겠네요.

03 그럼 시술 상세 페이지 중 한 곳에 들어가서 상품 이름과 상품 가격의 요소 위치를 한 번 살펴봅시다. 저는 상품 이름이 가장 많은 상세 페이지를 하나 골랐습니다.

NOTE [보톡스/필러 → 사각턱보톡스] 메뉴를 골랐습니다.

04 이어서 요소 위치를 봅니다. 사각턱보톡스 상세 페이지는 '이달의 이벤트'와 '일반 시술'로 구분되어 있습니다. 이달의 이벤트는 클래스값이 "prodListEvent"인 div 요소에 모든 값이 있네요.

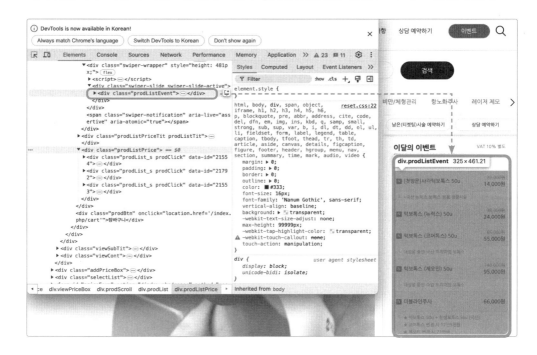

05 그다음은 일반 시술입니다. 일반 시술은 클래스값이 "prodListPrice"인 div 요소에 있습니다.

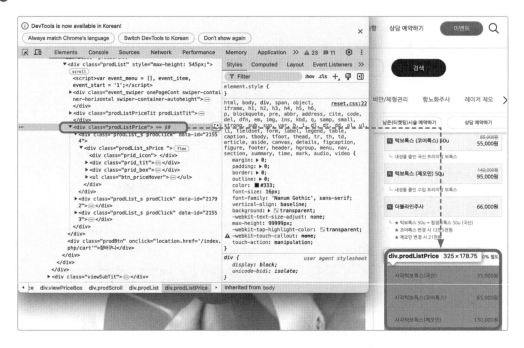

06 그럼 이제 챗GPT에게 코드를 받아낼 시간입니다. '이달의 이벤트'와 '일반 시술' 이 두 영역에 있는 텍스트를 모두 가져오도록 다음과 같이 요청해봅시다.

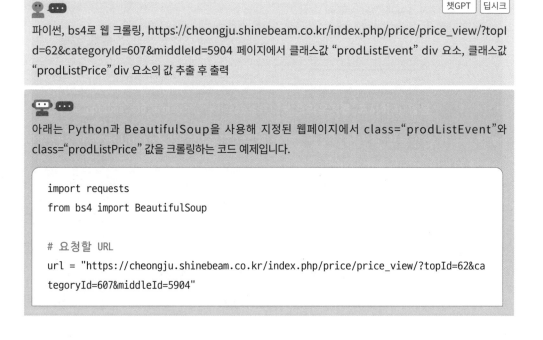

```
# 웹페이지 가져오기
response = requests.get(url)
response.encoding = 'utf-8'  # 인코딩 설정

# BeautifulSoup 객체 생성
soup = BeautifulSoup(response.text, 'html.parser')

# "prodListEvent" 클래스의 div 요소 추출
prod_list_event = soup.find_all('div', class_='prodListEvent')
prod_list_price = soup.find_all('div', class_='prodListPrice')

# 결과 출력
print("≡ prodListEvent ≡")
for event in prod_list_event:
  print(event.get_text(strip=True))


print("\n≡ prodListPrice ≡")
for price in prod_list_price:
  print(price.get_text(strip=True))
```

07 코드를 실행하면 다음과 같은 결과가 나타납니다. 내용을 읽어보면 제대로 크롤링을 한 것 같습니다. 여기서 이제 필요 없는 정보는 걷어내면 됩니다.

> 결과
>
> ≡ prodListEvent ≡
> N[첫방문]사각턱보톡스 50u20,000원14,000원장바구니 담기바로 예약*국산 뉴럭스 보톡스 정품 정량시술N턱보톡스 (뉴럭스) 50u38,000원24,000원장바구니 담기바로 예약N턱보톡스 (코어톡스) 50u85,000원55,000원장바구니 담기바로 예약내성을 줄인 국산 프리미엄 보톡스N턱보톡스 (제오민) 50u140,000원95,000원장바구니 담기바로 예약내성을 줄인 수입 프리미엄 보톡스N더블라인주사66,000원장바구니 담기바로 예약★ 턱보톡스 50u + 침샘보톡스 50u (국산)★ 코어톡스 변경 시 12만5천원★ 제오민 변경 시 21만 원
> ≡ prodListPrice ≡
> 사각턱보톡스(국산)35,000원장바구니 담기바로 예약사각턱보톡스(코어톡스)65,000원장바구니 담기바로 예약사각턱보톡스(제오민)130,000원장바구니 담기바로 예약

08 상품 이름과 가격을 분류해봅시다. 요소를 조금 더 구체적으로 보죠. 상품 이름은 클래스값이 "prid_tit"인 div 요소, 상품 가격은 클래스값이 "prid_price"인 div 요소에 있네요.

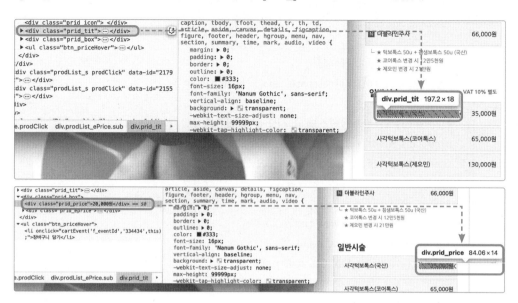

09 그러면 문맥을 살려서 이 위치도 추가해봅시다.

크롤링하면서 상품 이름과 상품 가격을 분류해 출력, 상품 이름은 클래스값이 "prid_tit"인 div 요소, 상품 가격은 클래스값이 "prid_price"인 div 요소에 있음

🤖 💬

아래는 Python과 BeautifulSoup을 사용해 상품 이름과 가격을 분류해 출력하는 코드입니다. 클래스값이 각각 prid_tit와 prid_price인 div 요소를 크롤링합니다.

```python
import requests
from bs4 import BeautifulSoup

# 요청할 URL
url = "https://cheongju.shinebeam.co.kr/index.php/price/price_view/?topId=62&ca
tegoryId=607&middleId=5904"

# 웹페이지 가져오기
response = requests.get(url)
```

```
response.encoding = 'utf-8'  # 인코딩 설정

# BeautifulSoup 객체 생성
soup = BeautifulSoup(response.text, 'html.parser')

# "prid_tit" 클래스의 상품 이름과 "prid_price" 클래스의 상품 가격 추출
product_names = soup.find_all('div', class_='prid_tit')
product_prices = soup.find_all('div', class_='prid_price')

# 상품 이름과 가격 출력
print("═══ 상품 목록 ═══")
for name, price in zip(product_names, product_prices):
    product_name = name.get_text(strip=True)
    product_price = price.get_text(strip=True)
    print(f"상품 이름: {product_name}, 상품 가격: {product_price}")
```

10 코드를 실행하면 상품 이름과 가격을 분류한 상품 목록이 나타납니다. 이렇게 `PART 01` '웹 크롤링 빡세게 연습하기'에서 배웠던 내용만 이용하면 원하는 값을 추출할 수 있습니다.

결과

═══ 상품 목록 ═══
상품 이름: [첫방문]사각턱보톡스 50u, 상품 가격: 20,000원
상품 이름: 턱보톡스 (뉴럭스) 50u, 상품 가격: 38,000원
상품 이름: 턱보톡스 (코어톡스) 50u, 상품 가격: 85,000원
상품 이름: 턱보톡스 (제오민) 50u, 상품 가격: 140,000원
상품 이름: 더블라인주사, 상품 가격: 35,000원
상품 이름: 사각턱보톡스(국산), 상품 가격: 65,000원
상품 이름: 사각턱보톡스(코어톡스), 상품 가격: 130,000원

11 이제 웹페이지를 이동하면서도 동작하는지 확인해봅시다. 챗GPT에게 문맥을 살려서 5개 정도의 상세 페이지 링크를 주고 웹 크롤링을 시도하라고 해봅시다. 그리고 크롤링한 결과물을 엑셀로 저장해봅시다.

다음 주소에 대해 웹 크롤링 후 엑셀로 저장, 주소별로 시트를 나누고, 각 시트별로 저장.

- 사각턱보톡스 : https://cheongju.shinebeam.co.kr/index.php/price/price_view/?topId=62&categoryId=607&middleId=5904

- 주름보톡스 : https://cheongju.shinebeam.co.kr/index.php/price/price_view/?topId=62&categoryId=607&middleId=5906

- 관자보톡스/침샘보톡스 : https://cheongju.shinebeam.co.kr/index.php/price/price_view/?topId=62&categoryId=607&middleId=5955

[더모톡신] 스킨보톡스 :

- https://cheongju.shinebeam.co.kr/index.php/price/price_view/?topId=62&categoryId=607&middleId=5905

- 다한증 보톡스 : https://cheongju.shinebeam.co.kr/index.php/price/price_view/?topId=62&categoryId=607&middleId=5909

아래는 주어진 주소에 대해 웹 크롤링 후, 각 주소의 데이터를 별도의 엑셀 시트에 저장하는 Python 코드입니다. openpyxl 라이브러리를 사용해 엑셀 파일에 저장합니다.

```python
import requests
from bs4 import BeautifulSoup
from openpyxl import Workbook

# 주소 및 시트 이름
url_dict = {
    "사각턱보톡스": "https://cheongju.shinebeam.co.kr/index.php/price/price_view/?topId=62&categoryId=607&middleId=5904",
    "주름보톡스": "https://cheongju.shinebeam.co.kr/index.php/price/price_view/?topId=62&categoryId=607&middleId=5906",
    "관자보톡스/침샘보톡스": "https://cheongju.shinebeam.co.kr/index.php/price/price_view/?topId=62&categoryId=607&middleId=5955",
    "[더모톡신] 스킨보톡스": "https://cheongju.shinebeam.co.kr/index.php/price/price_view/?topId=62&categoryId=607&middleId=5905",
    "다한증 보톡스": "https://cheongju.shinebeam.co.kr/index.php/price/price_view/?topId=62&categoryId=607&middleId=5909"
}
# 엑셀 워크북 생성
wb = Workbook()
```

```python
# 시트 이름에서 허용되지 않는 문자를 제거하는 함수
def sanitize_sheet_name(name):
    invalid_chars = ['\\', '/', '*', '?', ':', '[', ']']
    for char in invalid_chars:
        name = name.replace(char, '_')
    return name


# 각 URL 처리
for sheet_name, url in url_dict.items():
    # 웹페이지 가져오기
    response = requests.get(url)
    response.encoding = 'utf-8'

    # BeautifulSoup 객체 생성
    soup = BeautifulSoup(response.text, 'html.parser')

    # 상품 이름과 가격 추출
    product_names = soup.find_all('div', class_='prid_tit')
    product_prices = soup.find_all('div', class_='prid_price')

    # 시트 이름 정리
    sanitized_sheet_name = sanitize_sheet_name(sheet_name)

    # 엑셀 시트 생성
    ws = wb.create_sheet(title=sanitized_sheet_name)
    ws.append(["상품 이름", "상품 가격"])  # 헤더 추가

    # 데이터 추가
    for name, price in zip(product_names, product_prices):
        product_name = name.get_text(strip=True)
        product_price = price.get_text(strip=True)
        ws.append([product_name, product_price])

# 기본 생성 시트를 삭제
del wb['Sheet']
```

```
# 엑셀 파일 저장
wb.save("botox_prices.xlsx")
print("데이터가 botox_prices.xlsx에 저장되었습니다.")
```

12 그런데 챗GPT에게 받은 코드를 붙여넣으니 다음과 같은 오류가 발생했습니다. 가끔 엑셀로 저장하는 코드를 받으면 이런 오류가 발생하는데 이것도 챗GPT에게 해결하라고 하면 잘 해줍니다.

> **NOTE** 다른 오류가 발생했을 수도 있습니다. 그럴 때도 같은 방법으로 해결하면 됩니다.

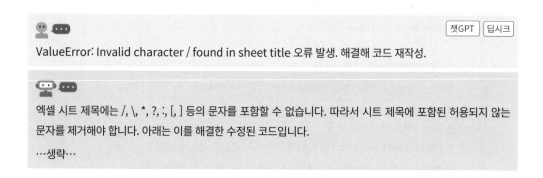

ValueError: Invalid character / found in sheet title 오류 발생. 해결해 코드 재작성.

엑셀 시트 제목에는 /, \, *, ?, :, [,] 등의 문자를 포함할 수 없습니다. 따라서 시트 제목에 포함된 허용되지 않는 문자를 제거해야 합니다. 아래는 이를 해결한 수정된 코드입니다.

…생략…

13 다시 받은 코드를 실행하면 제대로 된 엑셀 파일을 받을 수 있을 겁니다.

성형외과 사이트에서 여러 페이지를 이동하면서 웹 크롤링을 하고 엑셀 파일로 저장하는 작업을 했습니다.

Chapter 11

LH 청약 플러스 공고문 크롤링하기

LH 청약 플러스 공고문을 크롤링하려고 하는데,
여기서는 주로 테이블 형식으로 정보가 제공되잖아요.
이런 때에는 어떤 프롬프트 전략이 효과적일까요?

선생님

테이블 데이터는 구조화된 형태이기 때문에
특정 패턴을 찾아내는 게 중요해요.
우선 웹페이지에서 테이블이 HTML의 〈table〉
태그로 감싸져 있는지 확인해야 해요.

그렇다면 테이블 내부에서 〈tr〉과 〈td〉 태그를 찾아서
데이터를 행과 열 단위로 정리하면 되겠네요?

선생님

맞아요! 데이터를 한 행씩 추출하고, 컬럼별로
정리하면 깔끔한 테이블 형식의 데이터를 얻을
수 있어요. 나중에 엑셀이나 데이터프레임으로
변환하면 활용하기도 편하죠.

이번에는 LH 청약 플러스 공고문을 크롤링해봅니다. 여기서는 다양한 크롤링 패턴 중에 '테이블' 형식의 데이터만 있는 곳에서 어떤 프롬프트 전략을 쓰면 좋은지 알아봅니다.

01 LH 청약 플러스의 [청약 → 임대주택 → 공고문]을 살펴봅시다. 그러면 테이블 형식의 데이터가 보입니다.

- **LH 청약 플러스 공고문 홈페이지** : bit.ly/40d3vYa

02 테이블 형식의 데이터가 웹페이지에 유일하다면 개발자 도구로 요소를 따로 찾을 필요가 없습니다. **F12** 를 눌러 개발자 도구를 열고 [Elements] 탭을 눌러 요소를 살펴보면 위처럼 테이블 형식의 데이터는 table 요소로 구성되어 있습니다. 이런 테이블 형식의 데이터는 판다스^{pandas}라는 라이브러리를 써서 크롤링하면 쉽게 가져올 수 있습니다.

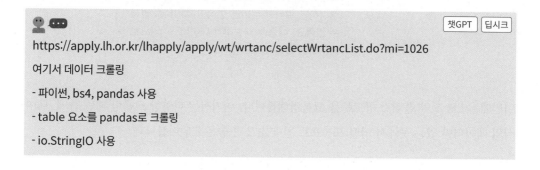

챗GPT 딥시크

https://apply.lh.or.kr/lhapply/apply/wt/wrtanc/selectWrtancList.do?mi=1026
여기서 데이터 크롤링
- 파이썬, bs4, pandas 사용
- table 요소를 pandas로 크롤링
- io.StringIO 사용

아래는 요청한 방법으로 bs4, pandas와 io.StringIO를 활용해 해당 URL에서 table 데이터를 크롤링하는 Python 코드입니다.

```python
import requests
from bs4 import BeautifulSoup
import pandas as pd
from io import StringIO

# Step 1: 웹페이지 가져오기
url = "https://apply.lh.or.kr/lhapply/apply/wt/wrtanc/selectWrtancList.
do?mi=1026"
headers = {
    "User-Agent": "Mozilla/5.0 (Windows NT 10.0; Win64; x64) AppleWebKit/537.36
(KHTML, like Gecko) Chrome/91.0.4472.124 Safari/537.36"
}
response = requests.get(url, headers=headers)
response.encoding = 'utf-8'  # 필요한 경우 인코딩 설정

# Step 2: BeautifulSoup로 HTML 파싱
soup = BeautifulSoup(response.text, 'html.parser')

# Step 3: Table 요소 추출
table = soup.find('table')  # 첫 번째 table 태그 찾기

if table:
  # Step 4: 테이블 데이터를 DataFrame으로 변환
  rows = table.find_all('tr')
  data = []

  for row in rows:
    cols = row.find_all(['td', 'th'])
    cols = [col.text.strip() for col in cols]
    data.append(cols)

  # DataFrame 생성
  df = pd.DataFrame(data)
```

```
    # Step 5: 데이터 확인
    print("크롤링한 데이터:\n", df)

    # CSV나 다른 형식으로 저장 (옵션)
    csv_buffer = StringIO()
    df.to_csv(csv_buffer, index=False, encoding='utf-8')
    csv_data = csv_buffer.getvalue()

else:
    print("테이블 요소를 찾을 수 없습니다.")
```

03 코드를 실행하면 다음과 같이 실행 결과가 잘 나타납니다. 표를 제외한 테이블 형태의 데이터만 잘 가져왔습니다.

> NOTE 여러분이 코드를 실행한 날짜에 따라서 데이터가 다르게 나타날 수 있습니다.

```
크롤링한 데이터:                                                              결과
번호, 유형, 공고명, 지역, 첨부, 게시일, 마감일, 상태, 조회 수
42, 공공임대, 제천강저B-2BL 10년공공임대주택 예비입주자 모집 공고 1일전, 충청북도,
첨부파일 있음, 2025.02.14, 2025.02.25, 공고중, "3, 775"
41, 매입임대, "[정정공고](대구경북)청년신혼부부 매입임대리츠주택 재임대 및 예
비입주자 모집공고(대구, 경산 14개단지) 1일전", 대구광역시 외, 첨부파일 있음,
2025.02.14, 2025.02.20, 공고중, "18, 492"
 … 생략 …
1, 국민임대, [24.12.23]신아아파트 임대주택_상시모집 공고문(예비입주자) 1일전, 강원
특별자치도, 첨부파일 있음, 2024.12.23, 2025.03.31, 공고중, "9, 142"
```

04 이를 엑셀로 저장하려면 다음과 같이 프롬프팅하면 됩니다. 이때 챗GPT가 만든 코드에서 TypeError: NDFrame.to_excel() got an unexpected keyword argument 'encoding'과 같은 오류가 발생하면 그 오류 메시지를 그대로 챗GPT에 입력해서 해결하면 됩니다.

> NOTE 다른 오류가 발생할 수도 있습니다. 그럴 때도 챗GPT에게 질문하여 해결하면 됩니다.

엑셀 파일로 저장

pandas의 to_excel() 메서드를 사용해 데이터를 엑셀 파일로 저장할 수 있습니다. 아래는 요청한 엑셀 파일 저장 코드입니다.

```
import requests
from bs4 import BeautifulSoup
import pandas as pd
  ... 생략 ...
else:
    print("테이블 요소를 찾을 수 없습니다.")
```

> TypeError: NDFrame.to_excel() got an unexpected keyword argument 'encoding' 오류가 발생한 코드이므로 책에 싣지 않았습니다

05 오류 메시지를 해결하기 위한 프롬프트는 다음과 같습니다.

다음과 같은 오류 발생, 이를 해결해 다시 코드 작성.

[오류]

- TypeError: NDFrame.to_excel( ) got an unexpected keyword argument 'encoding'

to_excel( ) 메서드에서 encoding 파라미터는 더 이상 지원되지 않습니다. pandas 버전이 업데이트되면서 이 파라미터가 제거되었기 때문입니다. 따라서 이 문제를 해결하기 위해 encoding 관련 부분을 제거하면 됩니다.

```
import requests
from bs4 import BeautifulSoup
import pandas as pd

# Step 1: 웹페이지 가져오기
url = "https://apply.lh.or.kr/lhapply/apply/wt/wrtanc/selectWrtancList.
do?mi=1026"
headers = {
```

```python
    "User-Agent": "Mozilla/5.0 (Windows NT 10.0; Win64; x64) AppleWebKit/537.36
(KHTML, like Gecko) Chrome/91.0.4472.124 Safari/537.36"
}
response = requests.get(url, headers=headers)
response.encoding = 'utf-8'  # 필요한 경우 인코딩 설정

# Step 2: BeautifulSoup로 HTML 파싱
soup = BeautifulSoup(response.text, 'html.parser')

# Step 3: Table 요소 추출
table = soup.find('table')  # 첫 번째 table 태그 찾기

if table:
    # Step 4: 테이블 데이터를 DataFrame으로 변환
    rows = table.find_all('tr')
    data = []

    for row in rows:
        cols = row.find_all(['td', 'th'])
        cols = [col.text.strip() for col in cols]
        data.append(cols)

    # DataFrame 생성
    df = pd.DataFrame(data)

    # Step 5: 엑셀 파일로 저장
    output_file = "table_data.xlsx"
    df.to_excel(output_file, index=False, header=False, engine='openpyxl')
    print(f"데이터가 '{output_file}' 파일로 저장되었습니다.")

else:
    print("테이블 요소를 찾을 수 없습니다.")
```

06 코드를 실행하면 제대로 크롤링한 데이터가 엑셀에 저장된 것을 알 수 있습니다.

📋 마무리 요약

개념 복습하기

☑ 표 형식의 데이터는 pandas 라이브러리로 크롤링하는 것이 더 효율적입니다.

☑ 코드에서 오류가 발생하면 오류 메시지를 그대로 챗GPT에게 전달하여 수정 코드를 다시 받으면 됩니다.

프롬프팅 복습하기

☑ table 요소를 pandas로 크롤링

☑ io.StringIO 사용

네이버 항공권 크롤링하기

항공권 가격을 비교할 때 날짜별 변경되는 가격 확인을
위해 사이트를 계속 들락날락하는 경우가 많아요. 그런데
이걸 자동화해서 크롤링하면 훨씬 편리할 것 같은데요?

선생님

맞아요! 일반적인 웹 크롤링과 다르게, 항공권
검색은 버튼을 눌러야 결과가 나오기 때문에
bs4로는 해결할 수 없어요.

그렇다면 사용자가 직접 날짜를 선택하고,
'항공권 검색' 버튼을 눌러야 하는 과정을
자동화하려면 어떻게 해야 할까요?

선생님

이 경우라면 역시 셀레니움을 사용해야 해요.
셀레니움은 웹페이지에서 버튼을 클릭하고,
입력 필드를 채우는 동작까지 자동화할 수
있어서, 항공권 검색처럼 동적인 페이지에서도
데이터를 가져올 수 있어요.

여행을 위해서 항공권 가격을 비교할 때 원하는 값만 비교하기 위해 사이트를 들락날락할 때가 있습
니다. 보통 항공권을 조회할 때, 내가 원하는 날짜를 클릭하고 [항공권 검색]을 눌러서 가격을 비교합

니다. 이번 실습에서는 셀레니움을 사용하여 날짜 선택, 검색 버튼 클릭 동작을 하면서 항공권 가격을 크롤링하겠습니다.

01 다음은 네이버 여행상품에서 항공권 검색 화면으로 왕복, 편도, 다구간과 출발지와 도착지, 가는 날과 오는 날인 여행 일정을 선택하게 되어 있습니다.

    • **네이버 여행상품 항공권 홈페이지** : flight.naver.com

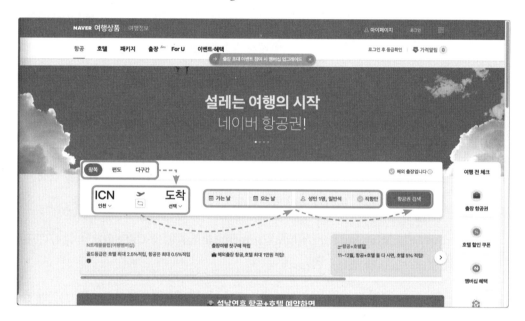

02 다음과 같은 일정으로 여행 계획을 가정해봅시다.

    • 2025년 04월에 필리핀 세부로 여행 계획이 있음

    • 금요일 출발 생각 중

    • 3박 4일 일정으로 월요일 복귀

일단 4월에 최소 금요일은 4번이 있을 것이므로 항공권을 조회하기 위해 날짜를 4번 변경한 뒤 [항공권 검색]을 눌러 가격을 비교하게 될 겁니다. 하지만 셀레니움을 사용하면 이 작업도 손쉽게 할 수 있습니다.

> **NOTE** 항공권 실습에서 일정 선택은 과거 날짜로 설정할 경우 조회되지 않으므로, 미래 날짜를 선택하여 실습을 진행하세요.

03 여기서는 셀레니움으로 값을 입력하고 버튼을 누르는 동작 대신 웹 브라우저에 나타나는 주소를 관찰하면서 크롤링 계획을 세울 겁니다. 여러 번 이야기했듯이 주소만으로도 충분히 데이터를 확인할 수 있다면 주소를 활용한 크롤링 전략을 세우는 것이 더 효율적입니다. 다음 조건으로 [항공권 검색]을 누른 다음 변경되는 주소를 관찰해봅시다.

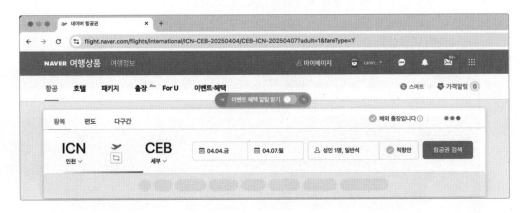

25년 04월 04일 금요일 출발, 25년 04월 07일 월요일 도착, 성인 1명, 일반석을 검색한 주소를 보면 선택한 옵션에 맞는 쿼리가 들어 있습니다.

- https://flight.naver.com/flights/international/ICN-CEB-20250404/CEB-ICN-20250407?adult=1&fareType=Y

  ◦ ICN-CEB-20250404 : 인천공항에서 세부 막탄공항으로 2025년 04월 04일에 출발

  ◦ CEB-ICN-20250407 : 세부 막탄공항에서 인천공항으로 2025년 04월 07일에 도착

  ◦ adult=1 : 어른 1명   ◦ fareType=Y : 일반석

> **NOTE** 쿼리는 '어떤 정보를 알고 싶은지' 컴퓨터에 전달하는 조건이나 필터라고 할 수 있습니다.

04 이를 이용하면 여러 조건을 변경하며 항공권을 검색할 수 있을 것 같습니다. 우선 셀레니움을 활용한 자동화가 잘 동작하는지 실행 결과를 살펴보겠습니다. 이렇게 프롬프트를 전달해봅니다.

챗GPT │ 딥시크

파이썬, 셀레니움으로 다음 작업 수행

[작업]

- https://flight.naver.com/flights/international/ICN-CEB-20250404/CEB-ICN-20250407?

adult=1&fareType=Y와 같은 주소 패턴에서 값을 바꿔가며 주소 이동

- 여행 계획은 2025년 04월 중에 있고, 금요일 출발해 월요일 복귀를 생각 중

- 성인 1명, 요금제는 fareType=Y로 고정

- ICN-CEB-20250404는 2025년 04월 04일에 인천국제공항 출발, 세부 막탄공항 도착을 의미

- CEB-ICN-20250407은 2025년 04월 07일에 세부 막탄공항 출발, 인천국제공항 도착을 의미

- 2025년 04월에 있는 모든 금요일 출발, 월요일 도착을 위한 주소값을 바꿔가며 페이지 이동

[설정]

- 과정이 보이도록 헤드리스 모드 사용하지 않음

- 사람처럼 동작

파이썬과 셀레니움을 사용해 위 작업을 수행하려면 날짜 변경 및 브라우저 조작을 포함한 스크립트를 작성해야 합니다. 이 작업은 다음과 같은 구조로 구현할 수 있습니다.

```python
from selenium import webdriver
from selenium.webdriver.common.by import By
from selenium.webdriver.common.action_chains import ActionChains
from selenium.webdriver.common.keys import Keys
from selenium.webdriver.chrome.service import Service
from webdriver_manager.chrome import ChromeDriverManager
from datetime import datetime, timedelta
import time

# 날짜 계산 함수
def get_friday_monday_dates(year, month):
    fridays = []
    base_date = datetime(year, month, 1)
    while base_date.month == month:
        if base_date.weekday() == 4:  # 금요일
            fridays.append(base_date)
        base_date += timedelta(days=1)
    return [(friday, friday + timedelta(days=3)) for friday in fridays]
# 브라우저 설정 및 초기화
options = webdriver.ChromeOptions()
```

```python
# 헤드리스 모드 비활성화 (브라우저 화면 보이도록 설정)
options.add_argument('--start-maximized')

driver = webdriver.Chrome(service=Service(ChromeDriverManager().install()),
options=options)
action = ActionChains(driver)

# 여행 정보 설정
origin = "ICN"  # 출발지 (인천공항)
destination = "CEB"  # 도착지 (세부 막탄공항)
year = 2025
month = 4
adult = 1
fare_type = "Y"

# 4월의 모든 금요일-월요일 조합 가져오기
date_combinations = get_friday_monday_dates(year, month)

# 데이터 수집 루프
try:
    for departure_date, return_date in date_combinations:
        # 날짜를 'YYYYMMDD' 형식으로 변환
        departure_str = departure_date.strftime("%Y%m%d")
        return_str = return_date.strftime("%Y%m%d")

        # URL 생성
        url = f"https://flight.naver.com/flights/international/{origin}-
{destination}-{departure_str}/{destination}-{origin}-{return_str}?adult={adult}
&fareType={fare_type}"

        # URL로 이동
        driver.get(url)
        time.sleep(3)  # 페이지 로딩 대기 (필요 시 조정 가능)

finally:
    driver.quit()
```

코드를 실행하면 4월에 포함된 금요일~월요일로 날짜를 바꿔가면서 이동하는 모습을 볼 수 있습니다. 화면은 앞에서 본 것과 같으므로 생략하겠습니다.

05 이제 남은 것은 날짜별 필요한 정보가 있는 요소를 찾는 것입니다. 스크롤을 내리면 모든 항공편을 볼 수 있는 곳이 있습니다. 중간에 광고가 포함되어 있지만 마우스 오버하여 확인하면 전체 항공권 목록을 감싸는 클래스값이 concurrent_ConcurrentList__pF_Kv인 div 요소를 확인할 수 있습니다.

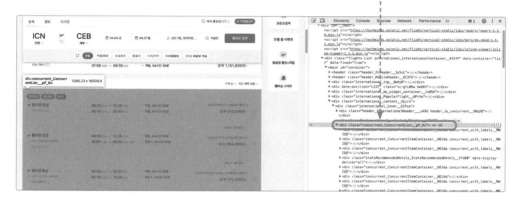

그리고 그 안에는 클래스값이 concurrent_ConcurrentItemContainer__NDJda인 div 요소가 항공권의 모든 정보를 담고 있습니다.

정리하면 다음과 같습니다.

- 전체 항공권 정보를 담은 요소 : 클래스값의 일부가 concurrent_ConcurrentList인 div 요소

- 항공권 정보를 담은 요소 : 클래스값의 일부가 concurrent_ConcurrentItemContainer인 div 요소

06 클래스값에 무작위값이 포함되어 있으므로 이 요소를 구분하여 텍스트를 추출하라고 지시하면 되겠네요. 앞에서 설명한 문맥을 살려 다음과 같이 요청해봅니다.

👤💬   챗GPT 딥시크

날짜별로 페이지를 이동하면서 다음 작업 수행

[작업]

- 클래스값의 일부가 concurrent_ConcurrentList인 div 요소 안에 있는 클래스값의 일부가 concurrent_ConcurrentItemContainer인 div 요소를 순회하면서 텍스트 추출 후 출력

[설정]

- 데이터가 로딩되면 요소 텍스트 추출할 수 있도록 암묵적 대기 사용

🤖💬

아래는 셀레니움을 사용해 특정 날짜에 해당하는 페이지를 이동하고, 지정된 클래스 이름을 가진 요소를 순회하면서 텍스트를 추출해 출력하는 코드입니다.

```python
from selenium import webdriver
from selenium.webdriver.common.by import By
from selenium.webdriver.chrome.service import Service
from webdriver_manager.chrome import ChromeDriverManager
from datetime import datetime, timedelta
import time

# 날짜 계산 함수
def get_friday_monday_dates(year, month):
    fridays = []
    base_date = datetime(year, month, 1)
    while base_date.month == month:
        if base_date.weekday() == 4:  # 금요일
            fridays.append(base_date)
        base_date += timedelta(days=1)
    return [(friday, friday + timedelta(days=3)) for friday in fridays]

# 브라우저 설정 및 초기화
options = webdriver.ChromeOptions()
options.add_argument('--start-maximized')  # 브라우저 창 최대화
```

```python
        # 데이터 로딩 후 요소 순회 및 텍스트 추출
    try:
        # 'concurrent_ConcurrentList'를 포함하는 div를 찾음
        parent_div = driver.find_element(By.CSS_SELECTOR,
"div[class*='concurrent_ConcurrentList']")
            # 자식 요소 중 'concurrent_ConcurrentItemContainer'를 포함하는 div
를 찾음
driver = webdriver.Chrome(service=Service(ChromeDriverManager().install()),
options=options)

# 여행 정보 설정
origin = "ICN"  # 출발지 (인천공항)
destination = "CEB"  # 도착지 (세부 막탄공항)
year = 2025
month = 4
adult = 1
fare_type = "Y"

# 4월의 모든 금요일-월요일 조합 가져오기
date_combinations = get_friday_monday_dates(year, month)

# 데이터 수집 루프
try:
    for departure_date, return_date in date_combinations:
        # 날짜를 'YYYYMMDD' 형식으로 변환
        departure_str = departure_date.strftime("%Y%m%d")
        return_str = return_date.strftime("%Y%m%d")

        # URL 생성
        url = f"https://flight.naver.com/flights/international/{origin}-
{destination}-{departure_str}/{destination}-{origin}-{return_str}?adult={adult}
&fareType={fare_type}"

        # URL로 이동
        driver.get(url)
```

```
            time.sleep(5)  # 페이지 로딩 대기 (필요 시 조정 가능)
            child_divs = parent_div.find_elements(By.CSS_SELECTOR,
    "div[class*='concurrent_ConcurrentItemContainer']")

            print(f"\n[{departure_str} 출발 / {return_str} 도착]")
            for idx, child in enumerate(child_divs, start=1):
                print(f"  항목 {idx}: {child.text}")
        except Exception as e:
            print(f"요소를 찾는 중 오류 발생: {e}")

            time.sleep(2)  # 다음 요청 전 대기 (사람처럼 보이도록)
    finally:
        driver.quit()
```

07 만약 가격을 추출하고 싶다면 가격이 위치한 요소만 지정하여 추가 요청하면 됩니다. 요소 위치
를 보면 클래스값에 item_ItemPriceList가 포함된 div 요소 안에서, 클래스값에 item_num인
i 요소의 텍스트가 가격 정보입니다.

08 이렇게 프롬프트를 작성하면 가격만 추출할 수 있습니다.

클래스값의 일부가 item_ItemPriceList인 div 요소를 순회하면서 클래스값의 일부가 item_num인 i 요소의 텍스트(항공권 가격)를 추출

아래는 클래스값의 일부가 item_ItemPriceList인 div 요소 내부를 순회하며, 클래스값의 일부가 item_num인 i 요소에서 항공권 가격을 추출하는 코드입니다.

결과

```python
from selenium import webdriver
from selenium.webdriver.common.by import By
from selenium.webdriver.chrome.service import Service
from webdriver_manager.chrome import ChromeDriverManager
from datetime import datetime, timedelta
import time

# 날짜 계산 함수
def get_friday_monday_dates(year, month):

    fridays = []
    base_date = datetime(year, month, 1)
    while base_date.month == month:
        if base_date.weekday() == 4:  # 금요일
            fridays.append(base_date)
        base_date += timedelta(days=1)
    return [(friday, friday + timedelta(days=3)) for friday in fridays]

# 브라우저 설정 및 초기화
options = webdriver.ChromeOptions()
options.add_argument('--start-maximized')  # 브라우저 창 최대화
driver = webdriver.Chrome(service=Service(ChromeDriverManager().install()),
options=options)

# 여행 정보 설정
origin = "ICN"  # 출발지 (인천공항)
destination = "CEB"  # 도착지 (세부 막탄공항)
```

```python
year = 2025
month = 4
adult = 1
fare_type = "Y"

# 4월의 모든 금요일-월요일 조합 가져오기
date_combinations = get_friday_monday_dates(year, month)

# 데이터 수집 루프
try:
    for departure_date, return_date in date_combinations:
        # 날짜를 'YYYYMMDD' 형식으로 변환
        departure_str = departure_date.strftime("%Y%m%d")
        return_str = return_date.strftime("%Y%m%d")

        # URL 생성
        url = f"https://flight.naver.com/flights/international/{origin}-
{destination}-{departure_str}/{destination}-{origin}-{return_str}?adult={adult}
&fareType={fare_type}"

        # URL로 이동
        driver.get(url)
        time.sleep(5)  # 페이지 로딩 대기 (필요 시 조정 가능)

        # 데이터 로딩 후 항공권 가격 추출
        try:
            # 'item_ItemPriceList'를 포함하는 div를 찾음
            price_list_divs = driver.find_elements(By.CSS_SELECTOR,
"div[class*='item_ItemPriceList']")

            print(f"\n[{departure_str} 출발 / {return_str} 도착]")
            for price_list_div in price_list_divs:
                # 'item_num'를 포함하는 i 요소 찾기
                price_elements = price_list_div.find_elements(By.CSS_SELECTOR,
"i[class*='item_num']")
                for idx, price_element in enumerate(price_elements, start=1):
```

```
                print(f"  항공권 {idx}: {price_element.text}")
        except Exception as e:
            print(f"요소를 찾는 중 오류 발생: {e}")

        time.sleep(2)  # 다음 요청 전 대기 (사람처럼 보이도록)
finally:
    driver.quit()
```

09 코드를 실행하면 아마 중간에 이런 오류가 발생할 수도 있습니다.

```
                                                                    결과
[20250404 출발 / 20250407 도착]
  항공권 1: 404,500
... 생략 ...
  항공권 3: 465,700
요소를 찾는 중 오류 발생: Message: stale element reference: stale element not
found in the current frame
  (Session info: chrome=132.0.6834.83); For documentation on this error, please
visit: https://www.selenium.dev/documentation/webdriver/troubleshooting/
errors#stale-element-reference-exception
```

이 오류는 셀레니움으로 실행한 웹 브라우저에서 현재 화면에 없는 요소에 접근하려고 할 때 발생하는 것입니다. 보통 무한 스크롤링으로 데이터를 보여주는 사이트에서 발생하는 오류로, 프로그램에 문제가 생긴 것은 아니므로 무시해도 좋습니다. 또한, 이 오류까지 해결하려고 하면 너무 많은 양의 데이터를 크롤링하게 되므로 학습 단계에서는 이것까지 처리하는 것은 권장하지 않습니다. 항공권 데이터 추출 과정을 통해 주소로 데이터를 요청하여 추출하는 방법을 잘 이해했길 바랍니다.

📋 마무리 요약

개념 복습하기

☑ 셀레니움은 버튼 클릭과 같은 동작을 모방할 수 있습니다. 버튼을 클릭해야만 나타나는 데이터는 셀레니움을 활용하여 추출해보세요.

☑ 클래스값에 무작위값이 있으면 클래스값의 일부만 사용하여 데이터를 추출할 수 있습니다.

프롬프팅 복습하기

☑ https://flight.naver.com/flights/international/ICN-CEB-20250404/CEB-ICN-20250407?adult=1&fareType=Y와 같은 주소 패턴에서 값을 바꿔가며 주소 이동

☑ 클래스값의 일부가 concurrent_ConcurrentList인 div 요소 안에서 클래스값의 일부가 concurrent_ConcurrentItemContainer인 div 요소를 순회하면서 텍스트 추출 후 출력

## Chapter 13

소상공인24 사이트 크롤링하기

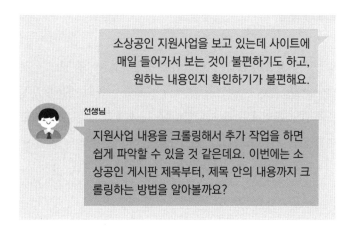

소상공인 지원사업을 보고 있는데 사이트에 매일 들어가서 보는 것이 불편하기도 하고, 원하는 내용인지 확인하기가 불편해요.

선생님

지원사업 내용을 크롤링해서 추가 작업을 하면 쉽게 파악할 수 있을 것 같은데요. 이번에는 소상공인 게시판 제목부터, 제목 안의 내용까지 크롤링하는 방법을 알아볼까요?

정부에서 운영하는 소상공인24라는 사이트가 있습니다. 여기서는 주로 소상공인을 위한 지원사업을 공지합니다.

- **소상공인24 홈페이지** : www.sbiz24.kr

화면을 보면 지원사업공고가 상당히 많습니다. 그런데 지원사업공고를 보고 신청하려면 신경 써야 할 일이 많습니다. 내가 지원해도 괜찮은 것인지, 얼마나 유용한지 등의 내용을 면밀하게 살펴봐야 합니다. 또 기한이 있다는 특징도 확인해야 할 사항입니다. 나에게 딱 맞는 모집공고가 있어도 기한 내에 확인하지 못하면 의미가 없습니다. 크롤링과 챗GPT를 통해 이런 어려움을 쉽게 해결할 수 있는 방법을 알아봅시다.

> **NOTE** 여기서는 소상공인24의 저작권 정책과, 이메일 무단 수집 거부 공지에 따라 실습을 진행합니다.

01 가장 먼저 해야 할 일은 어디서 데이터를 가져올지 정하는 일입니다. 저는 지원사업 통합조회 페이지의 정보를 수집해보겠습니다.

- **지원사업 통합조회 홈페이지** : www.sbiz24.kr/#/combinePbancList

02 사이트의 구조를 보면 전형적인 게시판 형태입니다. 다만 사이트의 데이터가 정적이 아닌 동적으로 제공되는 형태이므로 bs4 대신 셀레니움을 사용해야 합니다. 다음과 같이 프롬프팅해봅니다.

> **NOTE** 테이블 요소를 개발자 도구로 찾아보면 클래스값이 q-table입니다.

챗GPT 딥시크

https://www.sbiz24.kr/#/combinePbancList에서 데이터를 크롤링하는 코드 작성
- 파이썬, 셀레니움, pandas 사용
- 클래스값이 q-table인 table 요소를 pandas로 크롤링
- io.StringIO 사용

셀레니움 설정
- 창 크기를 15인치 노트북 기준으로 최대로 설정
- 수집 과정이 보이도록 헤드리스 모드 끄기

아래는 https://www.sbiz24.kr/#/combinePbancList 사이트에서 데이터를 크롤링하는 셀레니움 + pandas 코드입니다.
- 셀레니움은 GUI 모드 (헤드리스 X)로 실행되며

- 창 크기는 15인치 노트북 기준으로 1920x1080 설정
- table 요소를 찾은 뒤 HTML을 pandas.read_html + io.StringIO로 처리합니다.

```python
from selenium import webdriver
from selenium.webdriver.chrome.service import Service
from selenium.webdriver.common.by import By
from selenium.webdriver.chrome.options import Options
import time
import pandas as pd
import io

# 셀레니움 옵션 설정
options = Options()
# 헤드리스 모드 끄기 (브라우저 창 보이게)
# 창 크기: 15인치 노트북 기준 (1920×1080)
options.add_argument("window-size=1920,1080")

# 크롬 드라이버 서비스 설정 (크롬 드라이버 경로를 지정해도 됨)
service = Service()

# 드라이버 실행
driver = webdriver.Chrome(service=service, options=options)

try:
    # 사이트 접속
    driver.get("https://www.sbiz24.kr/#/combinePbancList")
    time.sleep(5)  # 페이지 로딩 대기 (필요 시 더 늘리기)

    # 스크롤/탭/필터 등이 있을 경우 여기서 처리
    # 예: 스크롤 내리기, 페이지 이동 등

    # table 요소 추출
    table_element = driver.find_element(By.CLASS_NAME, "q-table")

    # innerHTML을 이용해 전체 테이블 HTML 추출
    table_html = table_element.get_attribute('outerHTML')
```

```python
# pandas로 변환
df_list = pd.read_html(io.StringIO(table_html))
if df_list:
    df = df_list[0]
    print(df.head())    ──○ head( )를 실행하면 데이터를 5줄만 보여주는 것이 기본입니다
else:
    print("테이블을 찾을 수 없습니다.")

finally:
    driver.quit()
```

코드를 실행하면 다음과 같이 모집 공고가 잘 출력됩니다. 이때 5줄만 출력된 이유는 pandas로 데이터를 조회할 때 기본적으로 맨 앞 5줄만 확인하기 때문입니다. 챗GPT의 코드도 이에 따라 5줄만 출력하는 코드를 만들어주었습니다.

03 만약 모든 데이터를 보고 싶다면 다음과 같이 프롬프팅을 추가로 넣으면 됩니다. 만약 이미 모든 데이터를 출력하는 코드를 받았다면 이 과정은 생략해도 됩니다.

  〔챗GPT〕〔딥시크〕

테이블 데이터 전체를 출력하는 코드로 변경

좋습니다! 아래 코드는 테이블 데이터를 전체 출력하도록 수정한 버전입니다. 기본적으로 pandas.set_option( )을 사용해 모든 행과 열을 출력하도록 설정하고, .to_string( )으로 출력합니다.

…생략…

```
     번호 지원대상              공고/상품명  부처·지자체·기관        접수기간 arrow_upward       분류      신청
1136 위탁기관  2025년 소상공인 플랫폼사 협업교육 수행기관 추가모집 … 소상공인시장진흥공단  2025-03-26 ~ 2025-04-09  공단지원사업 신청가능
1135 소상공인    2025년 민간투자연계형 매칭융자 (LIPS I) 소상공 … 소상공인시장진흥공단  2025-01-24 ~ 2025-12-31  공단지원사업 신청가능
1134 중소기업  [부산] 2025년 청굴 (청년이 굴리는)기업 재인증 모 …      부산광역시  2025-03-25 ~ 2025-04-04 유관기관지원사업 신청가능
1133 중소기업  [경기] 김포시·파주시 2025년 2차 유해화학물질 안 …      경기도  2025-03-26 ~ 2025-04-04 유관기관지원사업 신청가능
1132 중소기업  [경북] 2025년 2차 우수수산물육성사업 수혜기업 모 …      경상북도  2025-03-25 ~ 2025-04-11 유관기관지원사업 신청가능
1131 중소기업      2025년 글로벌 스타트업 센터 운영기관 모집 공고  중소벤처기업부  2025-03-26 ~ 2025-04-08 유관기관지원사업 신청가능
1130 중소기업  2025년 해외 화장품 홍보 팝업부스 운영지원 사업 공 …      보건복지부  2025-03-21 ~ 2025-04-11 유관기관지원사업 신청가능
1129 소상공인  [서울] 소상공인 민간아이돌봄서비스 지원사업 참여자 모 …      서울특별시  2025-04-01 ~ 2025-04-08 유관기관지원사업 신청가능
1128 중소기업  2025년 푸드테크기업 청년 인턴십 지원사업 참가기업 …      농림축산식품부  2025-03-24 ~ 2025-04-11 유관기관지원사업 신청가능
1127 중소기업  [서울] 강남구 2025년 파리 코리아 엑스포 참가기업 …      서울특별시  2025-03-25 ~ 2025-04-02 유관기관지원사업 신청가능
```

그러면 10개의 데이터가 보입니다. 이렇게 10개의 데이터가 출력된 이유는 한 페이지에서 볼 수 있는 데이터의 개수가 10개이기 때문입니다.

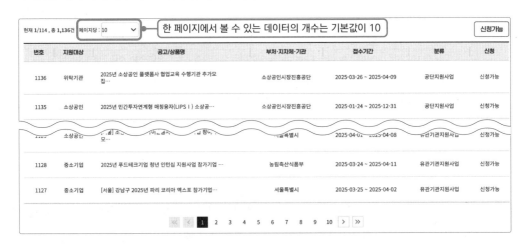

04 이럴 때는 페이지당 볼 수 있는 데이터 개수를 늘리는 코드를 추가하거나, 다음 페이지를 이동하면서 데이터를 수집하라고 하면 됩니다. 여기서는 후자의 방법으로 코드를 수정하도록 추가 프롬프팅하겠습니다. 이미지에서 볼 수 있듯 아래에 [1], [2], ...와 같은 버튼을 눌러 페이지를 이동하며 테이블 또는 게시판 내용을 확인하게 만든 구조를 페이지네이션이라고 부릅니다. 페이지네이션 구조는 대부분 [>]와 같은 다음 페이지를 누르는 버튼이 있으므로 이것을 누른 후에 데이터를 수집하라고 하면 되겠네요. 이때 다음 페이지는 다음과 같은 형태입니다. 이렇게 클래스값으로 특정하기 어려운 요소는 다른 속성값(title, type 등)을 지시해도 됩니다.

👤 💬

챗GPT 딥시크

다음 페이지를 눌러서 5페이지까지 데이터 수집하도록 코드 변경

- 다음 페이지 버튼 요소 : title 속성이 "다음"이고, 클래스값이 "page-link"인 button 요소

🤖 💬

요청하신 조건에 맞춰 다음 페이지 버튼을 클릭해가며 5페이지까지 데이터를 수집하는 코드로 변경했습니다.
핵심 포인트는 다음과 같습니다:

- \<button title="다음" class="page-link"\> 요소를 찾아 클릭
- 각 페이지의 테이블을 가져와 누적 저장
- 총 5페이지까지만 반복
- pandas.concat( )으로 전체 데이터프레임 합치기

...생략...

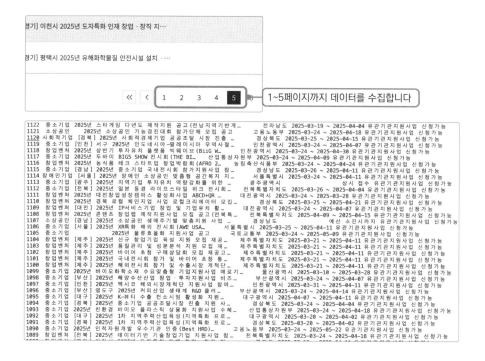

05 이제 수집한 데이터를 엑셀로 저장합니다. 이때 우리가 원하는 데이터에 대한 추가 처리도 지시해봅니다. 예를 들어서 지원대상이 '중소기업'이면 엑셀의 셀 색상을 파란색으로 처리해달라고 하면 됩니다.

> 🧑 💬   챗GPT 딥시크
>
> 수집 결과를 엑셀로 저장, 이때 중소기업은 셀의 색상을 파란색으로 처리

> 🤖 💬
>
> 좋습니다! 아래는 수집한 데이터를 엑셀 파일로 저장하면서 "중소기업"이라는 텍스트가 들어 있는 셀에 파란색
> 배경색을 적용하는 코드입니다. 엑셀 저장에는 pandas.ExcelWriter와 openpyxl 스타일 기능을 사용합니다.
> ...생략...

```
1 페이지 수집 중...
2 페이지 수집 중...
3 페이지 수집 중...
4 페이지 수집 중...
5 페이지 수집 중...

수집 결과가 'sbiz_data.xlsx'로 저장되었습니다.
```

그러면 수집한 데이터를 sbiz_data.xlsx 파일로 저장합니다. 파일을 열어서 확인해보면 원하는
작업 처리가 끝났습니다.

	A	B	C	D	E	F	G
1	번호	지원대상	공고/상품명	지자체	간arrow_u	분류	신청
2	1136	위탁기관	2025년 소	소상공인	2025-03-2	공단지원시	신청가능
3	1135	소상공인	2025년 민	소상공인	2025-01-2	공단지원시	신청가능
4	1134	중소기업	[부산] 202	부산광역시	2025-03-2	유관기관지	신청가능
5	1133	중소기업	[경기] 김포	경기도	2025-03-2	유관기관지	신청가능
6	1132	중소기업	[경북] 202	경상북도	2025-03-2	유관기관지	신청가능
7	1131	중소기업	2025년 글	중소벤처기	2025-03-2	유관기관지	신청가능
8	1130	중소기업	2025년 해	보건복지특	2025-03-2	유관기관지	신청가능
9	1129	소상공인	[서울] 소싱	서울특별시	2025-04-0	유관기관지	신청가능
10	1128	중소기업	2025년 푸	농림축산시	2025-03-2	유관기관지	신청가능
11	1127	중소기업	[서울] 강님	서울특별시	2025-03-2	유관기관지	신청가능
12	1126	중소기업	2025년 한	문화체육관	2025-03-2	유관기관지	신청가능
13	1125	중소기업	2025년 식	농림축산시	2025-03-2	유관기관지	신청가능
14	1124	중소기업	[경기] 안양	경기도	2025-04-2	유관기관지	신청가능
15	1123	창업벤처	[전남] 202	전라남도	2025-03-1	유관기관지	신청가능
16	1122	중소기업	2025년 스	전라남도	2025-03-1	유관기관지	신청가능
17	1121	소상공인	2025년 소	고용노동특	2025-03-2	유관기관지	신청가능

06 수집한 데이터에서 '공고/상품명'을 눌렀을 때 해당 공고로 바로 이동할 수 있는 링크가 있습니
다. 링크는 td 요소 내에 있는 a 요소의 href 속성값입니다. 이 값을 이용해서 링크를 추가하면
'공고/상품명'을 눌렀을 때 바로 이동할 수 있으니 편리하겠죠? 챗GPT에게 링크를 추가하라고
프롬프팅하겠습니다.

> **NOTE** 이때 주소는 전체 주소가 아니라 사이트 주소 뒤에 붙는 형태로 되어 있습니다. 만약 프롬프팅 한 번으
> 로 제대로 주소를 설정하지 못한다면 'https://www.sbiz24.kr/에 추가로 붙는 주소로 처리하라'고 해
> 보세요.

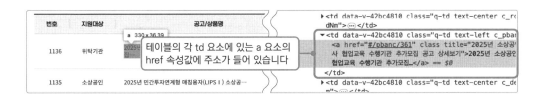

테이블의 각 td 요소에 있는 a 요소의 href 속성값에 주소가 들어 있습니다

👤💬

테이블 데이터를 처리할 때 공고/상품명의 각 행에 하이퍼링크로 주소 이동 처리

각 행의 하이퍼링크 위치 : td > a의 href 속성값

🤖💬

좋습니다! 아래는 각 행의 공고/상품명 컬럼에 하이퍼링크를 포함해 엑셀에 저장하는 코드입니다.

핵심 처리 내용:

- td > a의 href 속성값 추출

- 해당 링크를 공고/상품명 셀에 엑셀 하이퍼링크로 삽입

- openpyxl의 cell.hyperlink 사용

...생략...

```
1 페이지 수집 중...
2 페이지 수집 중...
3 페이지 수집 중...
4 페이지 수집 중...
5 페이지 수집 중...

'sbiz_data_with_links.xlsx' 파일로 저장 완료! 하이퍼링크 + 노란색 처리 완료!
```

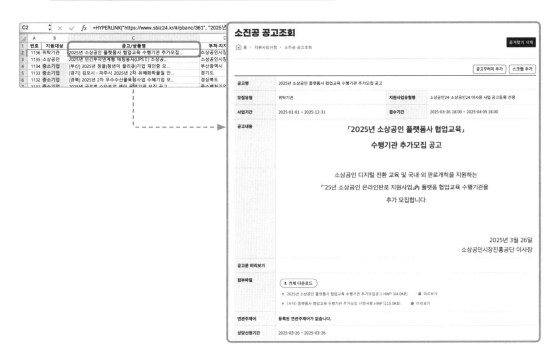

이렇게 수집한 데이터에 링크를 포함하여 더 쉽게 데이터를 확인할 수 있게 되었습니다. 챗GPT에게 요소 위치와 프롬프팅만 명확하게 한다면 원하는 데이터를 쉽게 만들 수 있습니다.

07 또는 수집한 엑셀 파일의 각 열별로 데이터 필터를 추가하라고 하면 조금이라도 잔업을 줄일 수 있습니다.

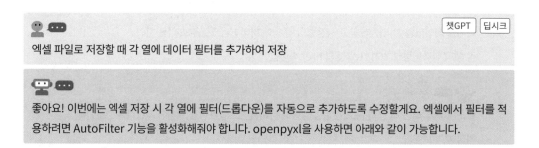

엑셀 파일로 저장할 때 각 열에 데이터 필터를 추가하여 저장

좋아요! 이번에는 엑셀 저장 시 각 열에 필터(드롭다운)를 자동으로 추가하도록 수정할게요. 엑셀에서 필터를 적용하려면 AutoFilter 기능을 활성화해줘야 합니다. openpyxl을 사용하면 아래와 같이 가능합니다.

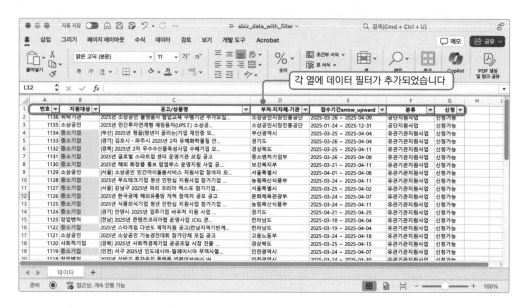

이게 되네?

PART

03

API로 데이터 수집!
기초 사용부터 실전 활용까지

여기서 공부할 내용

웹 크롤링에 관심이 있었다면 'API를 사용하면 더 쉽게 할 수 있다'라는 말을 들어본 적이 있을 수도 있습니다. 이 말을 쉽게 풀어보면 공식적인 방법을 통해 서버에 대량의 데이터를 요청하고 받아올 수 있다는 뜻입니다. 데이터를 수집하거나 정리해야 하는 사람에게 'API를 사용하세요'라는 말이 어렵게 느껴질 수도 있지만 사실은 그렇게 어려운 개념이 아닙니다. 약속된 방법으로 데이터를 요청하고, 응답을 받으면 그만이죠. 이제 다양한 API를 활용하여 여러 데이터를 수집하는 연습을 해봅니다.

Chapter 14

한국 박스 오피스 순위와
매출 변화 살펴보기

이번에는 영화 정보 API를 이용해서 데이터를 수집해
보려 해요. 여기서 중요한 건 API를 통해 데이터를
받는 방식이 어떻게 이루어지는지 감을 잡는 거겠죠?

선생님

맞아요! 지금까지는 bs4나 셀레니움을 이용해
웹페이지에서 데이터를 직접 추출했지만,
이번에는 API를 요청해서 데이터를 받아오는
방법을 배울 거예요.

API를 이용한 크롤링은 어떤 방식으로
이루어지나요?

선생님

대부분 API 요청 방식은 일정한 규칙을 따르죠.
보통 API 엔드포인트 URL을 호출하고,
필요한 쿼리 파라미터를 전달한 뒤, JSON 형식
의 응답 데이터를 받아서 활용하는 방식이에요.
이를 이해하면 다양한 서비스의 API를 활용할
수 있어요.

다양한 API 중에서 영화 정보 API를 활용해 웹 크롤링을 해봅니다. 이 과정에서 여러분이 집중해야 하는 내용은 API를 통해 데이터를 받는 것이 도대체 무엇인지에 대한 감을 잡는 겁니다. 지금까지는 파이썬 코드로 bs4나 셀레니움을 활용해 웹페이지에 있는 데이터를 추출했지만 이제부터는 API로 데이터를 요청해서 추출하는 방법을 공부합니다. 대부분의 API 요청 방식은 다음을 따릅니다.

 1 API 제공 사이트에 가입

 2 API 키 받기

 3 API 문서 읽고, 문서대로 데이터 요청하기

01 바로 시작해봅시다. 영화진흥위원회의 OPEN API를 이용하겠습니다. 다음 홈페이지에 접속해서 영화진흥위원회의 OPEN API 제공 서비스 중 일별 박스 오피스를 둘러봅니다.

 • **영화진흥위원회 OPEN API 홈페이지** : bit.ly/4hLiAr9

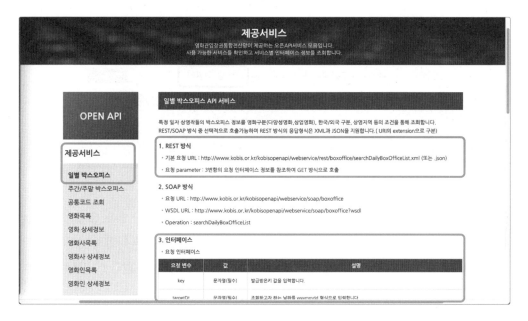

설명을 보면 REST 방식, SOAP 방식, 인터페이스 같은 생소한 단어가 보여 복잡하게 느껴질 수 있습니다. 어렵게 생각할 것 없습니다. 대부분 OPEN API를 제공하는 사이트는 REST 방식이라는 걸 제공하는데, URL을 통해 데이터를 요청하는 방식이라고 생각하면 됩니다. 또한 API 제공 사이트에서는 요청 인터페이스를 표로 정리해 제공하는데, 이 표는 URL에 어떤 규칙에 따라 데이터를 요청해야 하는지 설명하는 문서라고 보면 됩니다.

3. 인터페이스

- 요청 인터페이스

요청 변수	값	설명
key	문자열(필수)	발급받은키 값을 입력합니다.
targetDt	문자열(필수)	조회하고자 하는 날짜를 yyyymmdd 형식으로 입력합니다.
itemPerPage	문자열	결과 ROW 의 개수를 지정합니다.(default : "10", 최대 : "10")
multiMovieYn	문자열	다양성 영화/상업영화를 구분지어 조회할 수 있습니다. "Y" : 다양성 영화 "N" : 상업영화 (default : 전체)
repNationCd	문자열	한국/외국 영화별로 조회할 수 있습니다. "K : : 한국영화 "F" : 외국영화 (default : 전체)
wideAreaCd	문자열	상영지역별로 조회할 수 있으며, 지역코드는 공통코드 조회 서비스에서 "0105000000" 로서 조회된 지역코드 입니다. (default : 전체)

02 요청 인터페이스 표를 보면 key와 targetDt는 필수라고 합니다. 앞서 언급했듯이 API 키는 필수이므로 해당 사이트에서 발급받아야 합니다. API 키를 발급받기 위해 위쪽 메뉴에서 [키 발급/관리]를 누릅니다. 그러면 로그인 화면이 나오며, 만약 회원가입이 되어 있지 않다면 회원가입을 한 후 로그인하기 바랍니다.

03 그런 다음 키 발급/관리 화면으로 이동합니다. 저는 이미 키를 하나 받은 상태이므로 발급된 키가 보입니다. API 키는 일종의 서버에서 데이터를 요청할 때 필요한 나만의 열쇠 역할을 하므로 절대 외부에 노출해서는 안 됩니다. 새로 키를 발급받기 위해 [키 발급받기]를 누릅니다. 키가 발급되면 발급키를 복사하면 됩니다.

> **NOTE** 키 발급은 아주 간단하므로 생략하겠습니다. 사용 목적을 '학습 목적'으로 입력하고 관리명은 여러분이 자유롭게 설정하면 됩니다.

04 그런 다음 챗GPT에게 이렇게 프롬프팅해봅시다. 앞에서 일별 박스 오피스 API 서비스에 있던 REST 방식의 주소와 요청 인터페이스 표를 복사하여 프롬프트에 추가합니다. 참고로 요청 인터페이스 표를 보면 itemPerPage 항목에 최댓값이 10으로 정의되어 있으므로 한 번에 100개의 데이터를 받을 수는 없습니다.

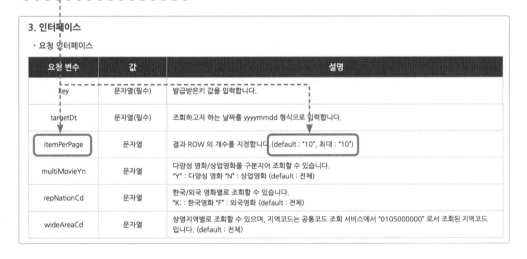

3. 인터페이스
• 요청 인터페이스

요청 변수	값	설명
key	문자열(필수)	발급받은키 값을 입력합니다.
targetDt	문자열(필수)	조회하고자 하는 날짜를 yyyymmdd 형식으로 입력합니다.
itemPerPage	문자열	결과 ROW 의 개수를 지정합니다.(default : "10", 최대 : "10")
multiMovieYn	문자열	다양성 영화/상업영화를 구분지어 조회할 수 있습니다. "Y" : 다양성 영화 "N" : 상업영화 (default : 전체)
repNationCd	문자열	한국/외국 영화별로 조회할 수 있습니다. "K : : 한국영화 "F" : 외국영화 (default : 전체)
wideAreaCd	문자열	상영지역별로 조회할 수 있으며, 지역코드는 공통코드 조회 서비스에서 "0105000000" 로서 조회된 지역코드 입니다. (default : 전체)

챗GPT 딥시크

기본 요청 URL이 http://www.kobis.or.kr/kobisopenapi/webservice/rest/boxoffice/search DailyBoxOfficeList.xml (또는 .json)이고, 발급키는 be862 ▓▓▓▓▓▓ 41cca이고, 요청 인터페이스 표가 다음과 같을 때

본인이 발급받은 API 키를 입력하세요

표를 챗GPT에 예쁘게 정리할 필요 없이 그냥 복사하고 붙여넣으세요

요청 변수	값	설명
key	문자열(필수)	발급받은 키값을 입력합니다.
targetDt	문자열(필수)	조회하고자 하는 날짜를 yyyymmdd 형식으로 입력합니다.
itemPerPage	문자열	결과 ROW 개수를 지정합니다.(default : "10", 최대 : "10")
multiMovieYn	문자열	다양성 영화/상업영화를 구분지어 조회할 수 있습니다. "Y" : 다양성 영화 "N" : 상업영화 (default : 전체)
repNationCd	문자열	한국/외국 영화별로 조회할 수 있습니다. "K: : 한국영화 "F" : 외국영화 (default : 전체)
wideAreaCd	문자열	상영지역별로 조회할 수 있으며, 지역코드는 공통코드 조회 서비스에서 "0105000000" 로서 조회된 지역코드입니다. (default : 전체)

상업영화 중 한국영화만 10개 조회하는 URL은?

🤖 💬

요청 URL을 생성하기 위해 필요한 값들을 정리하겠습니다.

key: 발급받은 키 be862bbdc**7ca41cca

targetDt: 조회 날짜 (예를 들어 20250101)

itemPerPage: 10 (최댓값으로 설정)

multiMovieYn: N (상업영화만 조회)

repNationCd: K (한국영화만 조회)

요청 URL은 다음과 같이 작성됩니다:

http://www.kobis.or.kr/kobisopenapi/webservice/rest/boxoffice/searchDailyBoxOfficeList.xml?key=be862bbdc**7ca41cca&targetDt=20250101&itemPerPage=10&multiMovieYn=N&repNationCd=K

05 그러면 챗GPT가 요청 URL을 알아서 정리해줍니다. 저는 상업영화 중 한국영화 10개만 요청하는 URL을 만들어달라고 했습니다. 이제 챗GPT가 생성한 URL을 그대로 복사해서 웹 브라우저에 입력해봅시다. 복잡하게 보이지만 'rank' 부분을 살펴보면 1위부터 10위까지 영화 정보를 잘 가져온 것을 확인할 수 있습니다.

```
This XML file does not appear to have any style information ass

▼<boxOfficeResult>
  <boxofficeType>일별 박스오피스</boxofficeType>
  <showRange>20250101~20250101</showRange>
  ▼<dailyBoxOfficeList>
    ▼<dailyBoxOffice>
      <rnum>1</rnum>
      <rank>1</rank>
      <rankInten>0</rankInten>
      <rankOldAndNew>OLD</rankOldAndNew>
      <movieCd>20228796</movieCd>
      <movieNm>하얼빈</movieNm>
      <openDt>2024-12-24</openDt>
      <salesAmt>3290085760</salesAmt>
      <salesShare>60.2</salesShare>
      <salesInten>1341480980</salesInten>
      <salesChange>68.8</salesChange>
      <salesAcc>29539128080</salesAcc>
      <audiCnt>340486</audiCnt>
      <audiInten>128089</audiInten>
      <audiChange>60.3</audiChange>
      <audiAcc>3095724</audiAcc>
      <scrnCnt>1406</scrnCnt>
      <showCnt>6323</showCnt>
    </dailyBoxOffice>
    ▼<dailyBoxOffice>
      <rnum>2</rnum>
      <rank>2</rank>
      <rankInten>0</rankInten>
      <rankOldAndNew>OLD</rankOldAndNew>
      <movieCd>20190300</movieCd>
      <movieNm>보고타: 마지막 기회의 땅</movieNm>
      <openDt>2024-12-31</openDt>
      <salesAmt>880276910</salesAmt>
      <salesShare>16.1</salesShare>
      <salesInten>11774020</salesInten>
      <salesChange>1.4</salesChange>
      <salesAcc>1785615800</salesAcc>
      <audiCnt>93154</audiCnt>
      <audiInten>-4135</audiInten>
      <audiChange>-4.3</audiChange>
      <audiAcc>194095</audiAcc>
      <scrnCnt>979</scrnCnt>
      <showCnt>3232</showCnt>
    </dailyBoxOffice>
    ▼<dailyBoxOffice>
      <rnum>3</rnum>
      <rank>3</rank>
      <rankInten>0</rankInten>
      <rankOldAndNew>OLD</rankOldAndNew>
      <movieCd>20200142</movieCd>
      <movieNm>소방관</movieNm>
      <openDt>2024-12-04</openDt>
      <salesAmt>769063260</salesAmt>
```

```
      <movieNm>히든페이스</movieNm>
      <openDt>2024-11-20</openDt>
      <salesAmt>2369900</salesAmt>
      <salesShare>0.0</salesShare>
      <salesInten>-1650300</salesInten>
      <salesChange>-41.1</salesChange>
      <salesAcc>9594263640</salesAcc>
      <audiCnt>217</audiCnt>
      <audiInten>-187</audiInten>
      <audiChange>-46.3</audiChange>
      <audiAcc>1012233</audiAcc>
      <scrnCnt>9</scrnCnt>
      <showCnt>13</showCnt>
    </dailyBoxOffice>
    ▼<dailyBoxOffice>
      <rnum>9</rnum>
      <rank>9</rank>
      <rankInten>0</rankInten>
      <rankOldAndNew>NEW</rankOldAndNew>
      <movieCd>20240300</movieCd>
      <movieNm><에이에스엠알> 고요하게, 새벽의 산사</movieNm>
      <openDt> </openDt>
      <salesAmt>89000</salesAmt>
      <salesShare>0.0</salesShare>
      <salesInten>89000</salesInten>
      <salesChange>100</salesChange>
      <salesAcc>89000</salesAcc>
      <audiCnt>89</audiCnt>
      <audiInten>89</audiInten>
      <audiChange>100</audiChange>
      <audiAcc>89</audiAcc>
      <scrnCnt>16</scrnCnt>
      <showCnt>18</showCnt>
    </dailyBoxOffice>
    ▼<dailyBoxOffice>
      <rnum>10</rnum>
      <rank>10</rank>
      <rankInten>1</rankInten>
      <rankOldAndNew>OLD</rankOldAndNew>
      <movieCd>20233261</movieCd>
      <movieNm>청설</movieNm>
      <openDt>2024-11-06</openDt>
      <salesAmt>222500</salesAmt>
      <salesShare>0.0</salesShare>
      <salesInten>-727000</salesInten>
      <salesChange>-76.6</salesChange>
      <salesAcc>7485215810</salesAcc>
      <audiCnt>24</audiCnt>
      <audiInten>-82</audiInten>
      <audiChange>-77.4</audiChange>
      <audiAcc>802157</audiAcc>
      <scrnCnt>6</scrnCnt>
      <showCnt>6</showCnt>
    </dailyBoxOffice>
  </dailyBoxOfficeList>
</boxOfficeResult>
```

06 URL을 통해 데이터를 받을 수 있는 것을 확인했으므로 이제 파이썬으로 엑셀 파일 정리도 할 수 있습니다. 문맥을 살려서 다음과 같이 프롬프팅합니다.

챗GPT · 딥시크

API URL을 바탕으로, 파이썬으로 엑셀 파일 저장, 열 정보에 다음 응답 구조 모두 포함

응답 구조

응답 필드	값	설명
boxofficeType	문자열	박스 오피스 종류를 출력합니다.
showRange	문자열	박스 오피스 조회 일자를 출력합니다.
...생략...		

| scrnCnt | 문자열 | 해당일자에 상영한 스크린수를 출력합니다. |
| showCnt | 문자열 | 해당일자에 상영된 횟수를 출력합니다. |

Python으로 API 요청 결과를 받아 엑셀 파일로 저장하려면, 다음과 같은 단계로 진행할 수 있습니다:

```python
import requests
import pandas as pd

# API 요청 URL 생성
api_key = "be862        41cca"        # 여기만 여러분이 받은
                                       # API 키를 입력하세요
target_date = "20250101"
url = f"http://www.kobis.or.kr/kobisopenapi/webservice/rest/boxoffice/
searchDailyBoxOfficeList.json?key={api_key}&targetDt={target_date}&itemPerPage=
10&multiMovieYn=N&repNationCd=K"

# API 요청
response = requests.get(url)

# 응답 데이터 확인
if response.status_code == 200:
    data = response.json()
    box_office_list = data['boxOfficeResult']['dailyBoxOfficeList']

    # Pandas DataFrame 생성
    df = pd.DataFrame(box_office_list)

    # 엑셀 파일로 저장
    output_file = "box_office_data.xlsx"
    df.to_excel(output_file, index=False)
    print(f"데이터가 {output_file} 파일로 저장되었습니다.")
else:
    print(f"API 요청 실패: {response.status_code}, {response.text}")
```

07 코드를 실행하면 1위부터 10위까지의 영화 정보가 엑셀 파일에 저장되었습니다. 바로 이런 방식으로 OPEN API를 활용하는 겁니다.

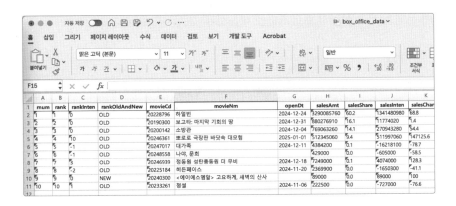

OPEN API는 사이트에서 제공한 문서대로 URL을 만들면 데이터를 쉽게 받아볼 수 있는 서비스입니다. 예를 들어, 부동산 앱과 같은 서비스들도 OPEN API를 활용해서 만든 것들이 많습니다. 주요 데이터를 제공하는 웹사이트를 통해 더 좋은 서비스를 만들 수 있도록 기반을 다져나가려는 움직임의 일환이죠. 주변에는 이런 유용한 OPEN API 서비스가 많습니다.

08 이제 일별 박스 오피스 정보로 재미있는 실습을 해봅시다. 앞서 25년 1월 1일 하루에 대한 일별 박스 오피스 정보만 봤습니다. 이번에는 1월 한 달 동안의 일별 박스 오피스의 순위와 매출액의 변화는 어땠는지 살펴봅시다. 앞서 본 OPEN API의 요청 인터페이스를 설명하는 표의 '응답 구조'에 그 값이 있었습니다. 여기서 rank와 salesAmt를 분석해봅시다.

• 응답 구조

응답 필드	값	설명
boxofficeType	문자열	박스오피스 종류를 출력합니다.
showRange	문자열	박스오피스 조회 일자를 출력합니다.
rnum	문자열	순번을 출력합니다.
rank	문자열	해당일자의 박스오피스 순위를 출력합니다.
openDt	문자열	영화의 개봉일을 출력합니다.
salesAmt	문자열	해당일의 매출액을 출력합니다.
salesShare	문자열	해당일자 상영작의 매출총액 대비 해당 영화의 매출비율을 출력합니다

09 다음과 같이 문맥을 계속 살려서 프롬프팅을 해봅시다.

👤 💬 챗GPT 딥시크

1월 1일부터 1월 31일까지의 일별 박스 오피스에서 rank와 salesAmt의 변화 추이를 볼 수 있도록 선 그래프 형태로 그림을 그리는 코드 추가

[설정]

- 윈도우에서 한글 폰트를 '맑은 고딕'으로 설정 ●━━━ 맥 사용자는 맥에서 한글 폰트를 '애플 고딕으로 설정'이라고 프롬프팅하세요

- 영화 제목이 그래프에 보이도록 설정

🤖 💬

아래 코드는 1월 1일부터 1월 31일까지의 데이터를 수집하고, 각 날짜별로 영화의 순위와 매출액(rank와 salesAmt)의 변화 추이를 선 그래프로 시각화합니다. 한글 폰트는 맑은 고딕으로 설정하고, 영화 제목이 그래프에 나타나도록 구성했습니다.

```python
import requests
import pandas as pd
import matplotlib.pyplot as plt
import matplotlib.font_manager as fm

# 윈도우에서 한글 폰트 설정
plt.rc('font', family='Malgun Gothic')

# API 기본 정보
API_KEY = "d00b263fe7af6e27e63f9daa1bff6c34"
BASE_URL = "http://www.kobis.or.kr/kobisopenapi/webservice/rest/boxoffice/
searchDailyBoxOfficeList.json"

# 1월 1일부터 1월 31일까지 데이터 수집
start_date = "20250101"
end_date = "20250131"
dates = pd.date_range(start=start_date, end=end_date, freq='D')

# 박스 오피스 데이터 저장할 리스트
data_list = []

for date in dates:
```

```python
    target_date = date.strftime("%Y%m%d")
    url = f"{BASE_URL}?key={API_KEY}&targetDt={target_date}&itemPerPage=10&mult
iMovieYn=N&repNationCd=K"

    response = requests.get(url)
    if response.status_code == 200:
        data = response.json()
        box_office_list = data["boxOfficeResult"]["dailyBoxOfficeList"]

        for movie in box_office_list:
            data_list.append({
                "date": target_date,
                "movieNm": movie["movieNm"],
                "rank": int(movie["rank"]),
                "salesAmt": int(movie["salesAmt"])
            })

# 데이터프레임 변환
df = pd.DataFrame(data_list)

# 시각화 - 영화별 rank & salesAmt 변화 추이
plt.figure(figsize=(14, 6))

# 영화별 그룹화
movies = df["movieNm"].unique()

# rank 변화 그래프
plt.subplot(2, 1, 1)
for movie in movies:
    subset = df[df["movieNm"] == movie]
    plt.plot(subset["date"], subset["rank"], marker="o", linestyle="-",
label=movie)

plt.gca().invert_yaxis()   # 순위는 낮을수록 높으므로 뒤집기
plt.xticks(rotation=45)
plt.title("영화별 박스 오피스 순위 변화 (1월)")
plt.xlabel("날짜")
```

```
plt.ylabel("순위")
plt.legend()

# salesAmt 변화 그래프
plt.subplot(2, 1, 2)
for movie in movies:
    subset = df[df["movieNm"] == movie]
    plt.plot(subset["date"], subset["salesAmt"], marker="o", linestyle="-",
label=movie)

plt.xticks(rotation=45)
plt.title("영화별 매출액 변화 (1월)")
plt.xlabel("날짜")
plt.ylabel("매출액 (원)")
plt.legend()

plt.tight_layout()
plt.show()
```

10 코드를 실행하면 1월 1일부터 1월 31일까지의 박스 오피스 순위와 매출 변화를 볼 수 있습니다. 만약 한글 폰트 오류가 발생했다면 사용 중인 PC 환경에 따라 해결 방법이 다르므로, 검색 또는 추가 프롬프팅을 통해 해결하기 바랍니다.

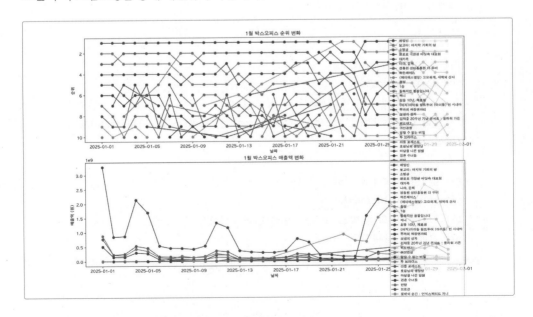

11 코드를 실행하니 그래프가 잘 나왔지만, 오른쪽 그래프 정보가 본 그래프를 가립니다. 선 그래프 정보를 범례(legend)라고 하며, 범례가 그래프를 가리는 문제를 해결하기 위해 다음과 같이 추가 프롬프팅을 해봅니다.

범례가 그래프를 가리는 문제를 해결

그래프의 범례가 데이터를 가리는 문제는 범례 위치를 조정하거나 그래프 크기를 키우는 방법으로 해결할 수 있습니다. 아래는 범례 위치를 그래프 외부로 이동하는 수정된 코드입니다.

```python
import requests
import pandas as pd
import matplotlib.pyplot as plt

# 윈도우 한글 폰트 설정
plt.rc('font', family='Malgun Gothic')

# API 기본 정보
API_KEY = "d00b263fe          1bff6c34"
BASE_URL = "http://www.kobis.or.kr/kobisopenapi/webservice/rest/boxoffice/
searchDailyBoxOfficeList.json"

# 1월 1일부터 1월 31일까지 데이터 수집
start_date = "20250101"
end_date = "20250131"
dates = pd.date_range(start=start_date, end=end_date, freq='D')

# 박스 오피스 데이터 저장할 리스트
data_list = []

for date in dates:
    target_date = date.strftime("%Y%m%d")
    url = f"{BASE_URL}?key={API_KEY}&targetDt={target_date}&itemPerPage=10&mult
iMovieYn=N&repNationCd=K"

    response = requests.get(url)
    if response.status_code == 200:
        data = response.json()
```

```python
        box_office_list = data["boxOfficeResult"]["dailyBoxOfficeList"]

        for movie in box_office_list:
            data_list.append({
                "date": target_date,
                "movieNm": movie["movieNm"],
                "rank": int(movie["rank"]),
                "salesAmt": int(movie["salesAmt"])
            })

# 데이터프레임 변환
df = pd.DataFrame(data_list)

# 그래프 크기 조정
fig, axes = plt.subplots(2, 1, figsize=(14, 8))

# 영화별 그룹화
movies = df["movieNm"].unique()

# rank 변화 그래프
ax1 = axes[0]
for movie in movies:
    subset = df[df["movieNm"] == movie]
    ax1.plot(subset["date"], subset["rank"], marker="o", linestyle="-",
label=movie)

ax1.invert_yaxis()  # 순위는 낮을수록 높으므로 뒤집기
ax1.set_xticklabels(df["date"].unique(), rotation=45)
ax1.set_title("영화별 박스 오피스 순위 변화 (1월)")
ax1.set_xlabel("날짜")
ax1.set_ylabel("순위")
ax1.legend(loc='upper left', bbox_to_anchor=(1, 1))  # 범례를 그래프 바깥으로
이동

# salesAmt 변화 그래프
ax2 = axes[1]
for movie in movies:
    subset = df[df["movieNm"] == movie]
    ax2.plot(subset["date"], subset["salesAmt"], marker="o", linestyle="-",
```

```
label=movie)

ax2.set_xticklabels(df["date"].unique(), rotation=45)
ax2.set_title("영화별 매출액 변화 (1월)")
ax2.set_xlabel("날짜")
ax2.set_ylabel("매출액 (원)")
ax2.legend(loc='upper left', bbox_to_anchor=(1, 1))  # 범례를 그래프 바깥으로
이동

# 그래프 조정
plt.subplots_adjust(right=0.8)  # 그래프 공간 조정
plt.tight_layout()
plt.show()
```

12 코드를 다시 실행하니 범례가 그래프를 가린 문제가 해결되었습니다. 이처럼 API를 활용하면 보다 구조화된 데이터를 손쉽게 추출할 수 있으며, 이를 바탕으로 다양한 시각화 작업도 수행할 수 있습니다.

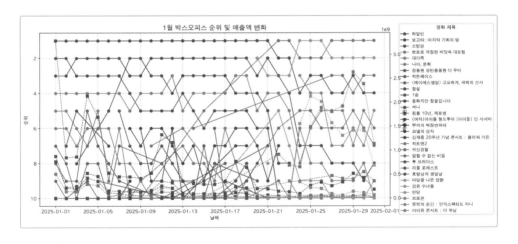

📋 마무리 요약

개념 복습하기

✅ API를 활용하려면 API 사이트에 가입해서 API 키를 받아야 합니다.

✅ API는 보통 제공하는 사이트에서 사용 방법을 알려주는 문서도 함께 제공합니다. 문서의 인터페이스 또는 파라미터를 복사하여 챗GPT에게 전달하면 코드를 잘 작성해줍니다.

✅ API 키는 절대 외부에 노출하지 마세요.

## Chapter 15

오늘의 급식은 뭘까?

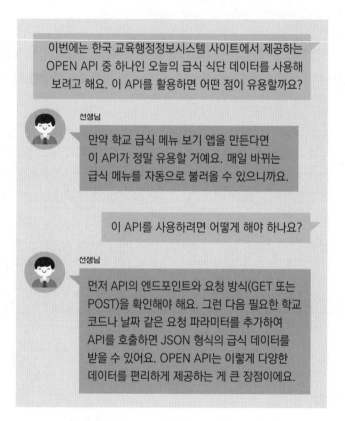

이번에는 한국 교육행정정보시스템 사이트에서 제공하는 OPEN API 중 하나인 오늘의 급식 식단 데이터를 사용해 보려고 해요. 이 API를 활용하면 어떤 점이 유용할까요?

선생님

만약 학교 급식 메뉴 보기 앱을 만든다면 이 API가 정말 유용할 거예요. 매일 바뀌는 급식 메뉴를 자동으로 불러올 수 있으니까요.

이 API를 사용하려면 어떻게 해야 하나요?

선생님

먼저 API의 엔드포인트와 요청 방식(GET 또는 POST)을 확인해야 해요. 그런 다음 필요한 학교 코드나 날짜 같은 요청 파라미터를 추가하여 API를 호출하면 JSON 형식의 급식 데이터를 받을 수 있어요. OPEN API는 이렇게 다양한 데이터를 편리하게 제공하는 게 큰 장점이에요.

이번에는 한국 교육행정정보시스템(NEIS) 사이트에서 제공하는 OPEN API 중 하나인 오늘의 급식 식단을 사용해봅시다. 만약 여러분이 학교 급식 메뉴 조회 앱을 만든다면 이 API가 매우 유용할 겁니다. 이처럼 공공 API부터 관광, 지도, 급식 메뉴까지 OPEN API는 다양한 데이터를 제공하고 있으며, 이를 활용하여 서비스도 만들 수 있습니다.

01 나이스 교육 정보 개방 포털 홈페이지에 접속하면 교육행정정보시스템에서 제공하는 급식식단 정보 API 문서가 보입니다. 앞서 영화 정보 API를 확인할 때와 마찬가지로 API 키 받기, 주소 확인하기, 문서 정보 복사하기를 진행해야 합니다.

• **나이스 교육 정보 개방 포털 홈페이지 급식식단정보** : bit.ly/4h3mviQ

02 화면에서 [인증키 신청] 버튼을 찾고 인증키를 신청합니다. 회원가입 및 로그인 과정은 생략하 겠습니다. 이 과정은 쉬우니 해결하고 돌아오세요.

03 인증키를 발급하면 [인증키 발급 내역]에서 확인할 수 있습니다. 인증키 값이 외부에 노출되지 않도록 보안에 유의하기 바랍니다.

NOTE 인증키 발급 확인 : open.neis.go.kr/portal/myPage/actKeyPage.do

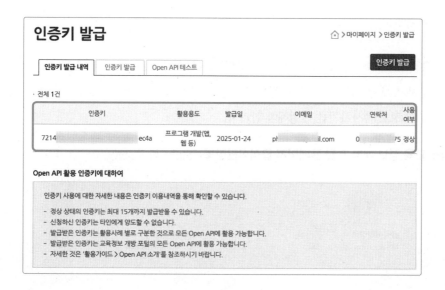

04 급식식단정보의 Open API 정보에서 신청인자를 보면 시도교육청코드와 행정표준코드는 필수입니다. 이 값을 확인하려면 [Sheet]를 눌러 검색을 통해 필요한 코드를 찾아야 합니다.

다음 화면을 참고하여 [Sheet]를 누르고 특정 학교의 시도교육청코드와 행정표준코드를 검색하여 미리 복사해두기 바랍니다.

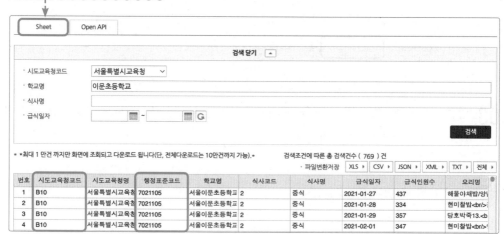

05 이제 모든 것이 준비되었습니다. 다음과 같이 프롬프팅합니다.

신청주소는 https://open.neis.go.kr/portal/myPage/actKeyPage.do, 인증키는 72146fb4a4c8 ▨▨▨▨c4a, 시도교육청코드는 B10, 행정표준코드는 7021105, OPEN API를 활용하기 위한 인수는 다음과 같을 때

기본인자			
변수명	타입	변수 설명	설명
KEY	STRING(필수)	인증키	기본값 : sample key
Type	STRING(필수)	호출 문서(xml, json)	기본값 : xml
pIndex	INTEGER(필수)	페이지 위치	기본값 : 1(sample key는 1 고정)
pSize	INTEGER(필수)	페이지 당 신청 숫자	기본값 : 100(sample key는 5 고정)

신청인자		
변수명	타입	변수 설명
ATPT_OFCDC_SC_CODE	STRING(필수)	시도교육청코드
SD_SCHUL_CODE	STRING(필수)	행정표준코드
MMEAL_SC_CODE	STRING(선택)	식사코드
MLSV_YMD	STRING(선택)	급식일자
MLSV_FROM_YMD	STRING(선택)	급식시작일자
MLSV_TO_YMD	STRING(선택)	급식종료일자

> 급식식단정보의 OpenAPI 탭에 있는 표를 복사하여 입력하세요

2024년 10월 1일부터 30일까지의 급식 메뉴(요리명)를 출력하고, 엑셀 파일로 저장하는 파이썬 코드 작성

🤖 💬

아래는 요청한 Open API를 활용해 2024년 10월 1일부터 30일까지의 급식 메뉴(요리명)를 가져오고 엑셀 파일로 저장하는 파이썬 코드입니다.

```python
import requests
import pandas as pd

# API 기본 정보
API_URL = "https://open.neis.go.kr/hub/mealServiceDietInfo"
API_KEY = "72146fb4a4c84c**0841ec4a"
```

```python
ATPT_OFCDC_SC_CODE = "B10"  # 시도교육청코드
SD_SCHUL_CODE = "7021105"  # 행정표준코드

# 요청 파라미터
params = {
  "KEY": API_KEY,
  "Type": "json",
  "pIndex": 1,
  "pSize": 100,
  "ATPT_OFCDC_SC_CODE": ATPT_OFCDC_SC_CODE,
  "SD_SCHUL_CODE": SD_SCHUL_CODE,
  "MLSV_FROM_YMD": "20241001",
  "MLSV_TO_YMD": "20241030"
}

# API 호출
response = requests.get(API_URL, params=params)

# 데이터 처리
if response.status_code == 200:
  data = response.json()
  if "mealServiceDietInfo" in data:
    meal_data = data["mealServiceDietInfo"][1]["row"]  # 필요한 데이터가 있는
위치
    menu_list = []

    for meal in meal_data:
      menu_list.append({
        "급식일자": meal["MLSV_YMD"],
        "식사코드": meal["MMEAL_SC_NM"],
        "요리명": meal["DDISH_NM"].replace("<br/>", ", ")  # 줄바꿈을 쉼표로 대
체
      })

    # 데이터프레임 생성
    df = pd.DataFrame(menu_list)
```

```
    # 엑셀 파일로 저장
    output_file = "meal_menu_2024_10.xlsx"
    df.to_excel(output_file, index=False)
    print(f"급식 메뉴 데이터가 '{output_file}'로 저장되었습니다.")
    else:
        print("데이터가 없습니다. 요청 조건을 확인하세요.")
else:
    print(f"API 요청 실패: {response.status_code}")
```

06 코드를 실행하면 10월 1일부터 30일까지의 급식 메뉴가 엑셀 파일로 저장됩니다.

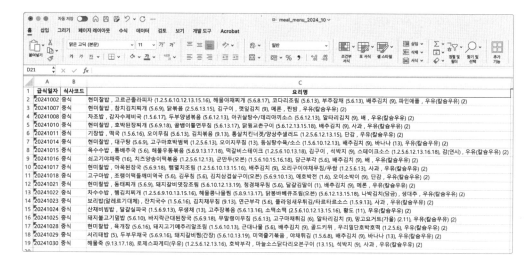

07 급식 메뉴에서 각각 이름 오른쪽에 있는 숫자는 알러지 정보로 지금 필요 없습니다. 이 값을 제외하라고 추가 프롬프팅을 하겠습니다.

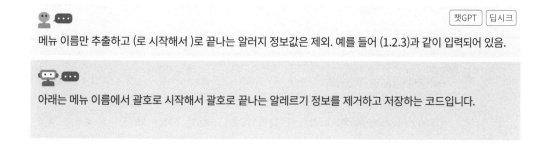

챗GPT 딥시크

메뉴 이름만 추출하고 (로 시작해서)로 끝나는 알러지 정보값은 제외. 예를 들어 (1.2.3)과 같이 입력되어 있음.

아래는 메뉴 이름에서 괄호로 시작해서 괄호로 끝나는 알레르기 정보를 제거하고 저장하는 코드입니다.

```python
import requests
import pandas as pd
import re

# API 기본 정보
API_URL = "https://open.neis.go.kr/hub/mealServiceDietInfo"
API_KEY = "72146fb4a4c84c**0841ec4a"
ATPT_OFCDC_SC_CODE = "B10"  # 시도교육청코드
SD_SCHUL_CODE = "7021105"  # 행정표준코드

# 요청 파라미터
params = {
    "KEY": API_KEY,
    "Type": "json",
    "pIndex": 1,
    "pSize": 100,
    "ATPT_OFCDC_SC_CODE": ATPT_OFCDC_SC_CODE,
    "SD_SCHUL_CODE": SD_SCHUL_CODE,
    "MLSV_FROM_YMD": "20241001",
    "MLSV_TO_YMD": "20241030"
}

# API 호출
response = requests.get(API_URL, params=params)

# 데이터 처리
if response.status_code == 200:
    data = response.json()
    if "mealServiceDietInfo" in data:
        meal_data = data["mealServiceDietInfo"][1]["row"]  # 필요한 데이터가 있는
위치
        menu_list = []

        for meal in meal_data:
            # 요리명에서 알레르기 정보 제거
            menu_cleaned = re.sub(r'\([^)]*\)', '', meal["DDISH_NM"])  # 괄호와 괄호
안의 내용 제거
```

```
    menu_cleaned = menu_cleaned.replace("<br/>", ", ").strip()  # 줄바꿈 제거
및 정리
    menu_list.append({
        "급식일자": meal["MLSV_YMD"],
        "식사코드": meal["MMEAL_SC_NM"],
        "요리명": menu_cleaned
    })

    # 데이터프레임 생성
    df = pd.DataFrame(menu_list)

    # 엑셀 파일로 저장
    output_file = "meal_menu_2024_10_cleaned.xlsx"
    df.to_excel(output_file, index=False)
    print(f"알레르기 정보가 제거된 급식 메뉴 데이터가 '{output_file}'로 저장되
었습니다.")
  else:
    print("데이터가 없습니다. 요청 조건을 확인하세요.")
else:
  print(f"API 요청 실패: {response.status_code}")
```

08 코드를 실행하니 알러지 정보가 사라지고 급식 메뉴만 잘 나온 것을 확인할 수 있습니다.

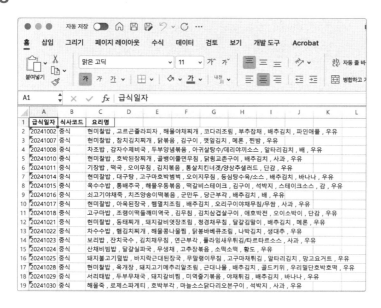

Chapter 16

오늘의 급식 내 GPT 만들기

챗GPT의 내 GPT 기능과 API를 결합하면
재미있는 챗봇을 만들 수 있다고 들었어요.
구체적으로 어떻게 동작하나요?

선생님

예를 들어 교육행정정보시스템의 급식 API를
사용해서 2024년 10월 24일 서울 이문초등학
교의 급식 메뉴를 가져온다고 해볼게요.
챗GPT 자체는 이 정보를 모르지만,
API를 연결해서 실시간으로 급식 데이터를
받아오면 내 GPT는 항상 최신 급식 정보를
제공할 수 있게 돼요.

그러면 내 GPT가 급식 메뉴를 바로 답할 수 있는 거네요?

선생님

맞아요! 이렇게 하면 챗봇이 단순한 AI 비서가
아니라, 특정 데이터에 접근해 실시간 정보를 제
공하는 유용한 도구가 될 수 있어요. 급식뿐만
아니라 날씨, 주식, 교통 정보 등 다양한 API를
활용하면 더욱 강력한 챗봇을 만들 수 있죠.

이번에는 조금 흥미로운 작업을 해보겠습니다. 챗GPT에는 내 GPT라는 기능이 있는데, API와 내 GPT를 결합하면 재미있는 챗봇을 만들 수 있습니다. 그 원리는 다음과 같습니다.

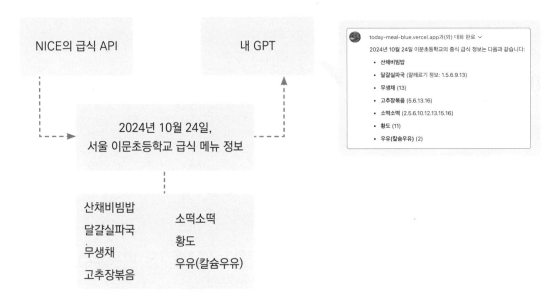

그림을 보면 교육행정정보시스템의 급식 API를 통해 2024년 10월 24일 서울 이문초등학교 급식 메뉴 정보를 가져오고 있습니다. 이 데이터를 내 GPT에 전달하면 내 GPT는 해당 데이터를 바탕으로 답할 수 있습니다. 챗GPT가 서울 이문초등학교의 2024년 10월 24일의 급식 메뉴를 알 수는 없지만, API를 연결함으로써 실시간으로 조회할 수 있는 맞춤형 GPT를 만들 수 있게 된 겁니다.

이 방식은 챗GPT가 학습하기 힘든 정보 또는 특정 범위 안에서 정확하게 대답해야 할 때 유용합니다. 게다가 한글로만 데이터를 제공하는 NEIS 급식 API를 프롬프트에 영어나 중국어로 번역하는 기능을 추가하면 변환된 급식 정보를 제공하는 챗봇도 만들 수 있습니다.

영어 번역:

Lunch for October 24, 2024, at Imun Elementary School:

- Sanchae Bibimbap (Vegetable Bibimbap)
- Egg and Green Onion Soup (Allergy Info: 1.5.6.9.13)
- Radish Salad (13)
- Stir-fried Gochujang Sauce (5.6.13.16)
- Sotteok Sotteok (Skewered Sausage and Rice Cake) (2.5.6.10.12.13.15.16)
- Yellow Peach (11)
- Milk (Calcium-Enriched) (2)

중국어 번역:

2024年10月24日，梨门小学的午餐：

- 山菜拌饭
- 鸡蛋葱汤 (过敏信息: 1.5.6.9.13)
- 腌萝卜 (13)
- 炒辣椒酱 (5.6.13.16)
- 香肠年糕串 (2.5.6.10.12.13.15.16)
- 黄桃 (11)
- 牛奶（钙牛奶）(2)

여러분이 API를 활용할 수 있다면 한국 기상청 API와 연결해 보다 정확한 날씨 정보를 받아볼 수도 있습니다. 또한, 주식 데이터를 이용해 실시간 시세 확인, 대중교통 API를 활용해 실시간 도착 정보를 제공할 수도 있습니다. 이 책에서도 API를 연결하여 다양한 내 GPT를 만들어봅니다. 그럼 실제로 작업을 진행해봅시다.

01 챗GPT에서 오른쪽 위에 있는 프로필 사진을 누르고 [내 GPT]를 누릅니다.

02 내 GPT 목록을 볼 수 있으며, [+ GPT 만들기]를 눌러 내 GPT 만들기 화면으로 진입합니다.

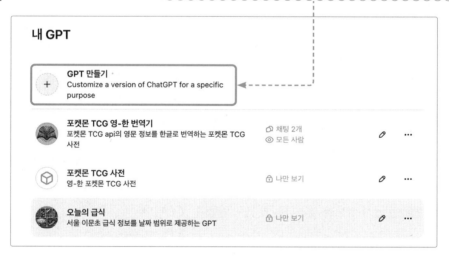

03 화면에 보이는 [구성]에서 내 GPT의 이름, 설명, 지침, 대화 스타터를 입력할 수 있습니다. 이 중 지침과 대화 스타터는 이후 [만들기] 단계에서 프롬프팅을 통해 입력하므로 지금은 이름과 설명만 자유롭게 설정합니다.

- 이름 : 말 그대로 내 GPT의 이름을 여기에 입력합니다.

- 설명 : 짧은 설명을 붙여줍니다. 미리 보기를 통하면 로고 아래에 간단한 설명이 붙습니다.

- 지침 : 지침은 여기서 설정할 필요는 없습니다. 하지만 이 지침은 사전 프롬프팅을 할 수 있

는 곳입니다. 예를 들어 API를 통해 받아온 데이터 중 불필요한 정보가 있으면 제외하도록 지시할 수 있습니다. 또는 이모티콘을 곁들여 친근한 답변을 하도록 설정할 수도 있으므로, 우선은 비워두고 진행하겠습니다.

- 대화 스타터 : 사용자가 내 GPT에 일정한 프롬프트를 넣을 수 있도록 미리 가이드를 하는 역할을 합니다. 이것도 비워두겠습니다.

04 스크롤을 내려 기능에 있는 체크 박스를 모두 해제합니다. 특히 웹 검색 기능은 반드시 비활성화해야 합니다. API를 통해 정확한 급식 메뉴를 제공해야 하므로 불필요한 웹 검색으로 잘못된 답변을 하지 않도록 주의해야 합니다. 체크 박스를 모두 해제했으면 작업에 있는 [새 작업 만들기]를 누릅니다.

05 그러면 인증, 스키마, 개인정보 보호 정책과 같은 다소 어려운 용어들이 보이는데, 바로 여기에 NEIS 급식 메뉴 API를 연결할 수 있습니다. NEIS 급식 API 페이지에서 [마이페이지 → 인증키 발급]을 누르면 API 키를 다시 확인할 수 있습니다. API 키를 복사하여 준비하세요.

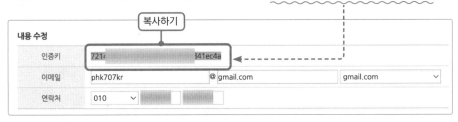

06 다음으로 스키마를 작성합니다. 스키마는 API와 내 GPT를 연결하는 핵심 요소입니다. 쉽게 말해 스키마는 내 GPT가 인식해야 할 지식의 범위를 정의하는 문서로, 여기서는 API를 활용해 그 지식의 범위를 설정합니다. 하지만 우리는 스키마 작성법을 모릅니다. 그래서 오른쪽 아래에 있는 [ActionsGPT에서 도움 받기]를 통해 문서를 아주 간단하게 완성할 겁니다. [ActionsGPT에서 도움 받기]를 누르세요.

ActionsGPT는 오픈AI에서 스키마 문서를 작성하기 위해 공식적으로 만들어놓은 내 GPT 중 하나입니다. 여기에 API URL이나 해당 API의 요청 문서를 복사해 붙여넣으면 API 요청 방식과 필요한 요청값 등을 자동으로 분석하여 스키마 문서를 만들어줍니다. 예를 들어, NEIS 급식 API의 요청 URL과 해당 URL로 데이터를 받는 법을 설명하면 ActionsGPT가 이를 바탕으로 스키마 문서를 만들어줍니다.

07 정말 그런지 해봅시다. NEIS 급식 API 페이지로 이동하여 신청주소, 필수 신청인자 시도교육청 코드와 행정표준코드를 복사해둡니다.

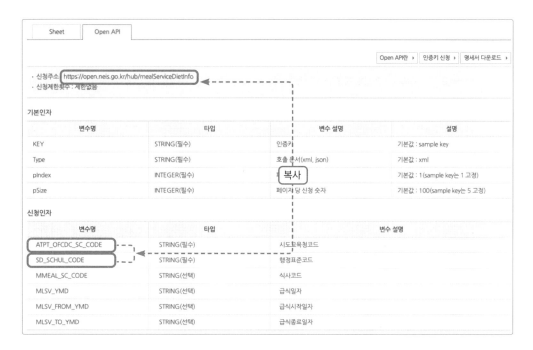

08 시도교육청코드(ATPT_OFCDC_SC_CODE)와 행정표준코드(SD_SCHUL_CODE)는 ActionsGPT가 알 수 없는 값입니다. 따라서 우리가 찾아서 알려줘야 합니다. [Sheet] 탭에서 지역, 날짜를 지정해 검색하면 시도교육청코드와 행정표준코드를 확인할 수 있습니다.

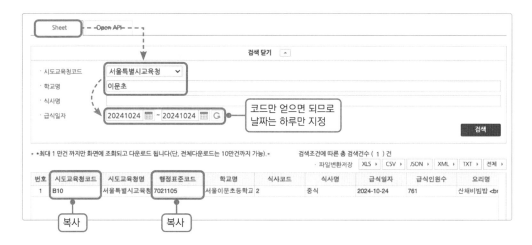

09 이제 필요한 데이터를 모두 준비했습니다. 복사한 문서 그리고 과정 **05**와 **07**, **08**에서 얻은 API 키값과 코드를 이용해 ActionsGPT에게 다음과 같이 전달해봅니다.

챗GPT 딥시크

https://open.neis.go.kr/hub/mealServiceDietInfo?ATPT_OFCDC_SC_CODE=B10&SD_
SCHUL_CODE=7021105&KEY=72146fb4a4c84cdb907f6a560841ec4a에 대한 스키마 작성

- 반드시 KEY는 schema 항목 하위의 enum으로 하여 72146f▇▇▇▇▇▇▇▇▇▇▇▇▇▇▇▇로 설정
- 반드시 ATPT_OFCDC_SC_CODE는 schema 항목 하위의 enum으로 하여 B10로 설정
- 반드시 SD_SCHUL_CODE는 schema 항목 하위의 enum으로 하여 7021105로 설정

아래는 제공된 정보를 기반으로 급식 정보 API를 위한 OpenAPI 3.1.0 스펙입니다. 이 스펙은 https://open.
neis.go.kr/hub/mealServiceDietInfo 엔드포인트를 이용해 급식 정보를 요청할 수 있도록 설계되었습니다.

```
openapi: 3.1.0
info:
  title: NEIS Meal Service Diet Info API
  description: API to fetch school meal service diet information from the NEIS
Open API.
  version: 1.0.0
servers:
  - url: https://open.neis.go.kr/hub
    description: NEIS Open API server
paths:
  /mealServiceDietInfo:
    get:
      operationId: getMealServiceDietInfo
      summary: Fetch school meal service diet information.
      description: Retrieves meal service diet details for a specific school
using fixed parameters for region, school code, and API key.
      parameters:
        - name: ATPT_OFCDC_SC_CODE
          in: query
          required: true
          description: Regional education office code (fixed to 'B10').
          schema:
```

```
            type: string
          enum:
            - "B10"
    - name: SD_SCHUL_CODE
      in: query
      required: true
      description: School code (fixed to '7021105').
      schema:
        type: string
        enum:
          - "7021105"
    - name: KEY
      in: query
      required: true
      description: API key for authentication (fixed to '72146fb4a4c84cdb90
7f6a560841ec4a').
      schema:
        type: string
        enum:
          - "72146fb            560841ec4a"
... 생략 ...
```

> 큰따옴표 사이에 NICE 급식 API에서 받은 API 키를 입력하세요

그러면 ActionsGPT가 스키마에 추가할 코드를 반환합니다. 이 값을 그대로 복사해서 스키마에 붙여넣으세요.

10 그런 다음 아래에 가능한 작업에서 [테스트] 버튼이 활성화되는지 확인해봅니다. 만약 'Could not parse valid OpenAPI spec'이라는 메시지를 보여주면 과정 **09**를 다시 진행하면 됩니다. 단번에 되지 않으면 3번 이상 다시 요청해야 할 수도 있습니다.

11 [테스트]를 누르면 '[debug] Calling HTTP endpoint이(가) open.neis.go.kr과(와) 대화하고 싶어 합니다'와 같은 메시지가 나타납니다. 이 메시지의 뜻은 '나의 GPT가 스키마에 정의된 API와 통신해 데이터를 가져오려 한다'는 겁니다. [항상 허용하기]를 누르면 다음 메시지가 나타납니다.

> **NOTE** 이 과정에서도 오류가 발생하면 다시 ActionsGPT에게 같은 대화로 스키마 문서를 받으세요.

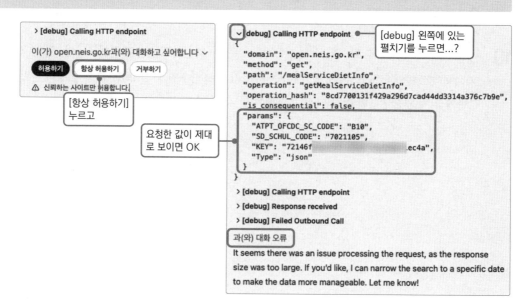

[debug]를 펼쳐서 보면 우리가 필수로 입력해야 하는 값이 정상적으로 포함되어 있습니다. 그 아래에는 '과(와) 대화 오류'라고 표시가 되고 있지만, 메시지를 잘 읽어보면 '요청이 정상적으로 처리되었으나 반환된 데이터가 너무 커서 구체적인 요청이 필요하다'는 메시지가 있습니다. 즉, 내 GPT와 NEIS 급식 API가 제대로 연결되었으며, API가 잘 응답하고 있다는 의미입니다.

12 이제 미리 보기 화면에서 24년 10월 24일 급식 메뉴를 물어봅니다.

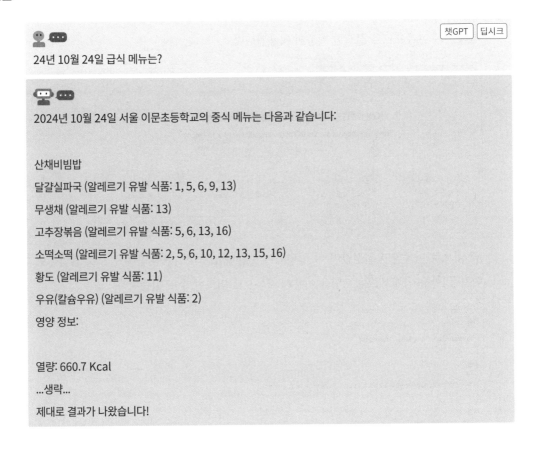

13 이번에는 내 GPT에게 설정 프롬프트를 지정해 번역 기능까지 추가하도록 해봅시다. 아래쪽에 있는 [<]를 눌러서 스키마 설정 화면에서 빠져나온 다음 [만들기]에서 이렇게 프롬프팅합니다.

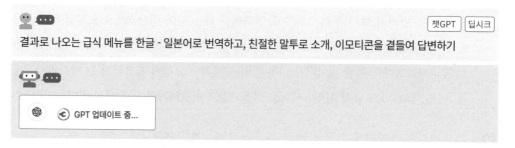

그러면 GPT 업데이트 중...이라는 메시지가 나옵니다. 업데이트가 완료될 때까지 기다리면 미리 보기에 프롬프트로 설정한 기능이 적용됩니다.

[구성]으로 이동하면 설정값이 다 입력되어 있습니다. 직접 [구성]을 수동으로 입력해도 되지만 이처럼 [만들기]에서 프롬프팅을 이용해 자동으로 입력할 수도 있습니다.

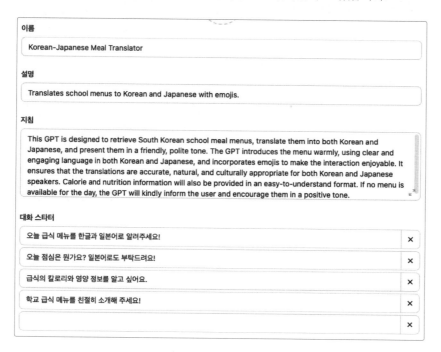

14 이제 다시 질문해봅니다.

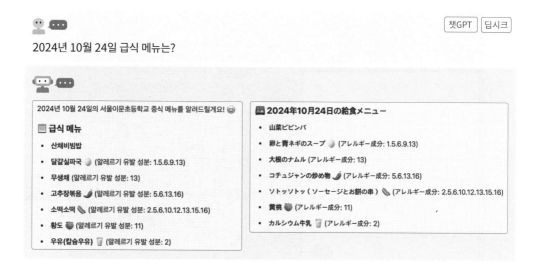

결과를 보면 친절한 말투와 함께 이모티콘, 그리고 일본어 번역까지 진행해줍니다. 이렇게 오늘의 급식 메뉴 내 GPT를 만들었습니다.

15 이제 내 GPT를 다른 사람과 함께 사용할 수 있도록 배포하겠습니다. 오른쪽 위의 [만들기]를 누르면 배포를 진행할 수 있습니다. 다만 마켓에서 검색되도록 하려면 스키마 화면에서 '개인보호 정책' 값을 입력해야 합니다. 임의로 값을 입력해도 잘 동작하므로 다음과 같이 입력한 다음 배포를 진행하면 'GPT 게시됨'이라는 메시지가 표시되며, 성공적으로 배포된 것을 알 수 있습니다.

- **API를 요청하기 위한 base URL** : https://open.neis.go.kr/hub/mealServiceDietInfo

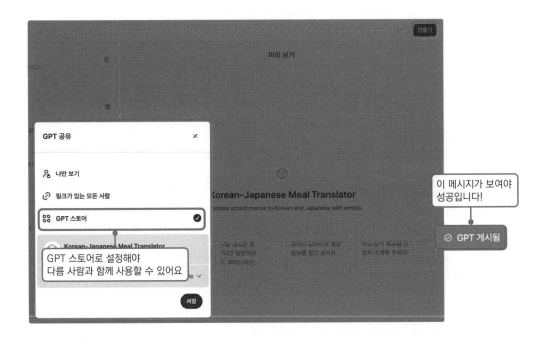

16 [GPT 탐색]에서 내 GPT 이름을 검색해보세요. 여기서 만든 내 GPT의 이름은 'Korean-Japanese Meal Translator'입니다.

[채팅 시작]을 누르면 미리 보기에서 확인한 것처럼 최초 1회 '허용' 옵션이 나온 후 정상적으로 동작합니다. 일본어 번역도 잘 됩니다. 만약 앱 이름을 수정하고 싶다면 내 GPT 설정에서 이름을 바꾸면 되겠죠?

🗒️ 마무리 요약

개념 복습하기

☑ 내 GPT와 API를 결합하면 원하는 데이터 범위 내에서 답변하는 챗봇을 만들 수 있습니다.

☑ 내 GPT의 특성을 잘 이용하면 번역 챗봇도 쉽게 만들어 제공할 수 있습니다.

프롬프팅 복습하기

☑ https://open.neis.go.kr/hub/mealServiceDietInfo?ATPT_OFCDC_SC_CODE=B10&SD_SCHUL_CODE=7021105&KEY=72146fb4a841ec4a에 대한 스키마 작성

☑ 반드시 KEY는 발급받은 API 키로 설정

☑ 반드시 ATPT_OFCDC_SC_CODE는 B10로 설정

☑ 반드시 SD_SCHUL_CODE는 7021105로 설정

Chapter 17

포켓몬 TCG 웹사이트 만들기

이번에는 포켓몬 카드 정보를 제공하는
포켓몬 TCG API를 사용해보려고 해요.
이 API를 활용하면 어떤 점이 흥미로울까요?

선생님

포켓몬 카드에 대한 상세한 정보뿐만 아니라
카드 이미지까지 제공한다는 점이 흥미로워요.
이를 통해 API를 활용하면 단순한 텍스트뿐만
아니라 이미지 같은 다양한 형태의 데이터도
가져올 수 있는 것을 경험할 수 있어요.

그러면 이 API를 활용해 단순히 카드 데이터를
확인하는 것뿐만 아니라, 내 컴퓨터에서 볼 수 있는
카드 슬라이드 웹사이트를 만들 수도 있겠네요?

선생님

맞아요! API를 통해 카드 이미지와 정보를 가져
와서 웹페이지에서 슬라이드 형태로 표시하면,
포켓몬 카드 도감 같은 사이트를 직접 만들 수
있어요. 이처럼 API 데이터를 활용해 실용적인
웹 애플리케이션을 제작하는 경험도 쌓을 수
있죠.

이번에는 흥미로운 API를 사용해봅시다. 포켓몬 카드에 대한 모든 정보를 제공하는 포켓몬 TCG API라는 것이 있습니다. 이는 포켓몬 카드 관련 API로 다양한 포켓몬 카드 정보뿐만 아니라 카드 이미지를 제공합니다. 이 과정을 통해 API를 활용하면 텍스트와 이미지 등 다양한 형태의 데이터를 받아올 수 있다는 것을 체험해보기 바랍니다. 여기서는 카드 이미지를 가져온 후에 내 컴퓨터에서 볼 수 있는 카드 슬라이드 웹사이트를 만들어봅니다.

01 다음 홈페이지는 포켓몬 TCG API를 활용할 수 있는 사이트로 회원가입, 로그인을 할 수 있습니다. 회원가입과 로그인 과정은 아주 쉬우므로 빠르게 마치고 돌아옵시다.

- **포켓몬 TCG 개발자 포털 홈페이지** : dev.pokemontcg.io

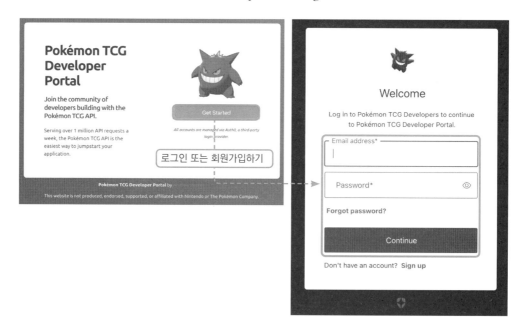

02 가입을 완료하고 정상적으로 로그인하면 다음 대시보드 화면과 함께 익숙한 API Key라는 용어가
보입니다. 여기도 API Key를 가지고 데이터를 요청해서 받으면 됩니다. 영문으로 가입한 이메일
주소를 인증한 뒤, 로그아웃 후 다시 로그인해야 API Key가 발급된다고 쓰여 있습니다. 이메일
인증을 마치고, [Sign Out]을 눌러서 로그아웃을 한 다음 다시 로그인합시다.

03 그러면 API Key가 보입니다. 이 값은 여러 번 강조하지만 노출되면 안 되는 값입니다. 이 값을
복사해서 따로 보관해둡니다.

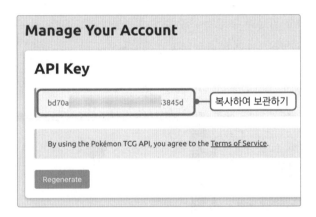

04 이제 API 문서를 살펴보러 갑시다. [Documentation]을 눌러 문서로 이동한 다음 [API
Reference → Cards → Get a card]를 누릅니다. 그러면 익숙한 문서가 나타납니다.

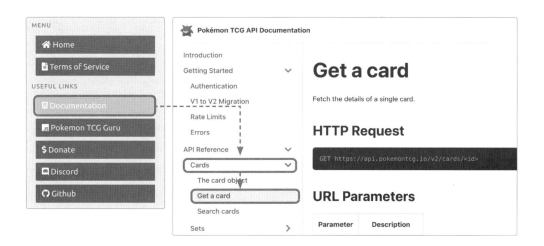

05 이 문서의 내용을 복사해서 챗GPT에게 사용 방법을 물어볼까요? 영문으로 된 문서를 이해해야 할 때는 이렇게 시작하는 것도 나쁘지 않습니다. 'Get a card'부터 아래쪽에 있는 'Query Parameters' 표 내용까지 그대로 복사해서 프롬프팅을 해봅시다.

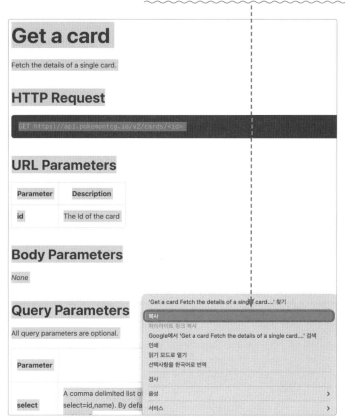

다음 문서의 내용을 보고 어떻게 API를 사용해야 하는지 알려줄래?

<복사한 내용> ● 문서 내용을 복사한 값을 그대로 붙여넣으세요

챗GPT 딥시크

이 API 문서를 기반으로, Pokémon TCG API에서 특정 카드를 조회하는 방법은 다음과 같습니다:

1. 요청 유형

HTTP GET 요청을 사용합니다.

요청 URL 형식: https://api.pokemontcg.io/v2/cards/<id>

<id>는 조회하려는 카드의 ID입니다.

2. URL Parameters

id: 카드의 고유 ID를 입력해야 합니다.

예 : https://api.pokemontcg.io/v2/cards/xy7-54

3. Query Parameters (선택사항)

select: 응답에서 반환할 필드를 지정합니다.

쉼표로 구분된 필드명을 입력합니다.

예 : ?select=id,name를 추가하면 id와 name 필드만 응답에 포함됩니다.

사용하지 않을 경우 기본적으로 모든 필드가 반환됩니다.

4. Body Parameters

이 요청에는 Body 파라미터가 필요하지 않습니다.

06 1번과 2번의 내용을 보니 주소 끝에 〈id〉 부분을 카드 아이디를 입력해서 요청하면 어떤 값이 넘어오는 것 같습니다. 예로 보여준 xy7-54를 그대로 웹 브라우저에 입력해서 어떤 값이 넘어오는지 확인해봅니다.

> **NOTE** 웹 브라우저에 api.pokemontcg.io/v2/cards/xy7-54를 입력해보기 바랍니다.

```
←  →  C  🔒  api.pokemontcg.io/v2/cards/xy7-54  ─── 복사한 주소를 입력해보세요
pretty print 적용 ☑
{
  "data": {
    "id": "xy7-54",
    "name": "Gardevoir",
    "supertype": "Pokémon",
    "subtypes": [
      "Stage 2"
    ],
    "hp": "130",
    "types": [
      "Fairy"
    ],
    "evolvesFrom": "Kirlia",
    "abilities": [
      {
        "name": "Bright Heal",
        "text": "Once during your turn (before your attack), you may heal 20 damage from each of your Pokémon.",
        "type": "Ability"
      }
    ],
    "attacks": [
      {
        "name": "Telekinesis",
        "cost": [
          "Colorless",
          "Colorless",
          "Colorless"
        ],
        "convertedEnergyCost": 3,
        "damage": "",
        "text": "This attack does 50 damage to 1 of your opponent's Pokémon. This attack's damage isn't affected b
      }
    ],
    "weaknesses": [
```

07 그러면 어떤 포켓몬의 정보가 넘어온 것을 알 수 있습니다. 이 TCG의 이미지가 있나 살펴봅시다. `Ctrl + F`를 누른 다음 images를 검색하면 하위 항목에 "small"이나 "large"로 구분한 주소가 보입니다. 이것이 카드 이미지의 주소입니다. "small"은 작은 카드 이미지, "large"는 큰 카드 이미지겠죠?

```
      "expanded": "Legal"
    },
    "ptcgoCode": "AOR",
    "releaseDate": "2015/08/12",
    "updatedAt": "2020/08/14 09:35:00",
    "images": {
      "symbol": "https://images.pokemontcg.io/xy7/symbol.png",
      "logo": "https://images.pokemontcg.io/xy7/logo.png"
    }
  },
  "number": "54",
  "artist": "TOKIYA",
  "rarity": "Rare Holo",
  "flavorText": "It has the power to predict the future. Its power peaks when it is protecting its Trainer.",
  "nationalPokedexNumbers": [282],
  "legalities": {
    "unlimited": "Legal",
    "expanded": "Legal"
  },
  "images": {
    "small": "https://images.pokemontcg.io/xy7/54.png",
    "large": "https://images.pokemontcg.io/xy7/54_hires.png"
  },
  "tcgplayer": {
    "url": "https://prices.pokemontcg.io/tcgplayer/xy7-54",
    "updatedAt": "2025/01/25",
    "prices": {
      "holofoil": {
```

08 아무 이미지 URL을 복사하여 웹 브라우저에 다시 입력해봅니다. 저는 https://images. pokemontcg.io/xy7/54.png를 복사해서 웹 브라우저에 입력했더니 포켓몬 카드 이미지가 나왔습니다. 이런 식으로 API의 이미지 URL 중 하나인 https://api.pokemontcg.io/v2/cards/⟨id⟩를 이용하면 직접 카드 이미지를 불러올 수 있는 것을 알았습니다.

09 그럼 이제 더 많은 이미지를 얻어보겠습니다. 앞에서 살펴본 것처럼 ⟨id⟩에 해당하는 TCG의 아이디값을 찾아야 합니다. 이 값도 API로 얻을 수 있습니다. [API Reference → Cards → Search cards]를 누르면 카드를 찾을 수 있는 API를 확인할 수 있습니다.

> **NOTE** 문서 해석이 필요하다면 챗GPT에게 물어보고 나서 다음 단계로 넘어가도 되며, 바로 실습하면서 API를 직접 사용해보는 것도 좋은 방법입니다.

10 웹 브라우저에 https://api.pokemontcg.io/v2/cards를 그대로 입력하면 250개의 TCG 정보가 넘어옵니다. 많은 양의 데이터를 요청하는 것이므로 2~3초 정도 기다려야 데이터를 볼 수 있습니다.

여기서 카드의 아이디값을 찾아서 하나의 포켓몬 TCG 정보만 받아보고, 해당 데이터 구조를 챗GPT에게 전달해 프롬프팅하면 여러 포켓몬 TCG 정보와 이미지를 정리한 화면을 볼 수 있습니다.

11 한 번 해봅시다. 가장 위에 보이는 dp3-1이라는 아이디값을 가지고 앞서 살펴본 api.poke montcg.io/v2/cards/⟨id⟩에 넣어봅니다. 즉, ⟨id⟩ 값 자리에 dp3-1을 넣은 api.pokemontcg. io/v2/cards/dp3-1를 웹 브라우저에 입력해봅니다. 그렇게 나타난 포켓몬 TCG 정보를 다 복사해서 챗GPT에게 다음과 같이 요청합니다.

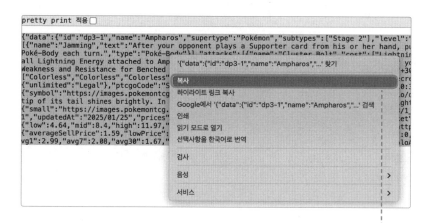

챗GPT · 딥시크

포켓몬 TCG의 결괏값 구조는 이렇게 생겼어.

<복사한 데이터 구조> ◀─ 복사한 데이터 구조를 그대로 붙여넣으세요

이때 https://api.pokemontcg.io/v2/cards로 받은 모든 포켓몬 TCG 데이터 중 몇 가지 정보를 추려서 엑셀 파일로 변환하는 파이썬 코드를 작성해.

- 포켓몬 이름

- 포켓몬 이미지 URL

- 포켓몬 타입

다음은 주어진 JSON 데이터에서 포켓몬 이름, 이미지 URL, 포켓몬 타입 정보를 추출하고 이를 엑셀 파일로 저장하는 파이썬 코드입니다.

```python
import requests
import pandas as pd

# API URL
url = "https://api.pokemontcg.io/v2/cards"
```

```python
# 데이터 가져오기
response = requests.get(url)
if response.status_code == 200:
  data = response.json()
else:
  print("API 호출 실패:", response.status_code)
  exit()

# 필요한 데이터 추출
cards = data.get("data", [])
extracted_data = []

for card in cards:
  name = card.get("name", "N/A")
  image_url = card.get("images", {}).get("large", "N/A")
  types = ", ".join(card.get("types", []))

  extracted_data.append({"Name": name, "Image URL": image_url, "Types": types})

# 데이터를 데이터프레임으로 변환
df = pd.DataFrame(extracted_data)

# 엑셀 파일로 저장
output_file = "pokemon_cards.xlsx"
df.to_excel(output_file, index=False)

print(f"데이터가 '{output_file}' 파일로 저장되었습니다.")
```

12 코드를 실행하면 포켓몬 정보를 '포켓몬 이름', '포켓몬 이미지 URL', '포켓몬 타입'으로 정리한 엑셀 파일을 다운로드합니다. 파일을 열어보면 250개의 데이터가 넘어온 것을 확인할 수 있습니다.

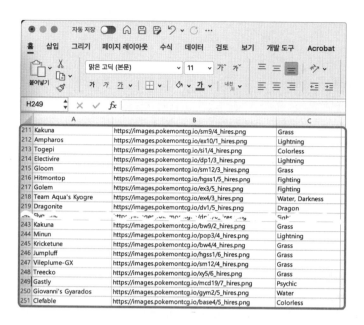

13 이제 프롬프팅을 통해 문서를 해석하고, 더 많은 포켓몬 TCG의 데이터를 받아와 엑셀 파일로 저장하는 작업을 해봅시다. 챗GPT에 포켓몬 TCG 데이터를 1페이지부터 5페이지까지 가져오도록 문맥을 살려서 다음과 같이 프롬프팅하세요.

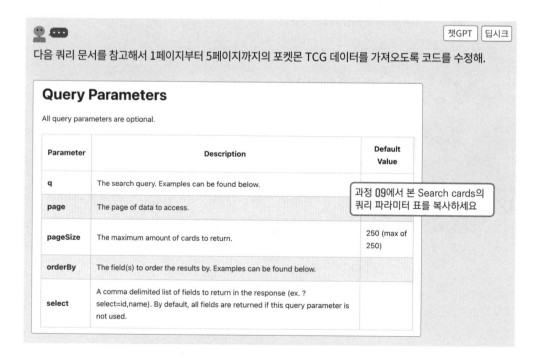

다음 쿼리 문서를 참고해서 1페이지부터 5페이지까지의 포켓몬 TCG 데이터를 가져오도록 코드를 수정해.

Query Parameters

All query parameters are optional.

Parameter	Description	Default Value
q	The search query. Examples can be found below.	
page	The page of data to access.	
pageSize	The maximum amount of cards to return.	250 (max of 250)
orderBy	The field(s) to order the results by. Examples can be found below.	
select	A comma delimited list of fields to return in the response (ex. ?select=id,name). By default, all fields are returned if this query parameter is not used.	

과정 09에서 본 Search cards의 쿼리 파라미터 표를 복사하세요

다음은 page 파라미터를 사용해 1페이지부터 5페이지까지의 데이터를 가져오는 코드입니다. 각 페이지의 데이터를 반복적으로 호출한 후 필요한 정보를 추출해 엑셀 파일로 저장합니다.

```python
import requests
import pandas as pd

# API URL
base_url = "https://api.pokemontcg.io/v2/cards"

# 데이터를 저장할 리스트
all_cards = []

# 페이지 크기 설정
page_size = 250
# 1페이지부터 5페이지까지 데이터 가져오기
for page in range(1, 6):
  print(f"Fetching page {page}...")
  response = requests.get(base_url, params={"page": page, "pageSize": page_
size})

  if response.status_code == 200:
    data = response.json().get("data", [])

    for card in data:
      name = card.get("name", "N/A")
      image_url = card.get("images", {}).get("large", "N/A")
      types = ", ".join(card.get("types", []))

      all_cards.append({"Name": name, "Image URL": image_url, "Types": types})
  else:
    print(f"Failed to fetch page {page}: {response.status_code}")
    break

# 데이터를 데이터프레임으로 변환
df = pd.DataFrame(all_cards)
```

```
# 엑셀 파일로 저장
output_file = "pokemon_cards_pages_1_to_5.xlsx"
df.to_excel(output_file, index=False)


print(f"데이터가 '{output_file}' 파일로 저장되었습니다.")
```

14 코드를 실행하면 1페이지부터 5페이지까지 총 250 * 5 = 1250개의 데이터를 가져와 엑셀 파일로 저장합니다.

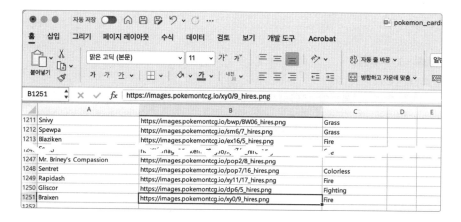

15 이제 데이터를 모두 가져왔으니 조금 더 재미있는 작업을 해봅시다. 완벽하게 동작하는 웹사이트가 아니더라도 내 컴퓨터에서 실행되는 포켓몬 카드 조회 웹사이트를 만들어봅시다. 개발 지식이 없어도 챗GPT를 통해 이 정도는 구현할 수 있으므로 한 번 진행해봅시다. 다음과 같이 문맥을 살려서 프롬프트를 해봅니다.

챗GPT 딥시크

HTML, CSS, Javascript, 부트스트랩 기술을 이용해서 앞에서 호출한 API로 받은 포켓몬 카드의 이름, 카드 이미지, 속성을 좌우 슬라이드 버튼이 있는 형태로 보여주는 웹페이지를 만들어. 이때 화면에 한 번에 볼 수 있는 카드 이미지는 5장을 볼 수 있게 만들어.

아래는 HTML, CSS, JavaScript, 그리고 Bootstrap을 사용해 포켓몬 TCG API로부터 데이터를 받아 슬라이더 형태로 카드를 표시하는 웹페이지입니다. 한 번에 화면에 5장의 카드를 표시하며, 좌우로 슬라이드할 수 있습니다.

```
<!DOCTYPE html>
<html lang="en">
<head>
  <meta charset="UTF-8">
  <meta name="viewport" content="width=device-width, initial-scale=1.0">
  <title>Pokémon Card Slider</title>
  <link href="https://cdn.jsdelivr.net/npm/bootstrap@5.3.0-alpha3/dist/css/
bootstrap.min.css" rel="stylesheet">
  <style>
    .card-container {
      display: flex;
      overflow-x: auto;
      scroll-behavior: smooth;
    }

    .card-container::-webkit-scrollbar {
      display: none;
    }

    .card {
      min-width: 200px;
      max-width: 200px;
      margin: 0 10px;
      text-align: center;
    }

    .card img {
... 생략 ...
  <script src="https://cdn.jsdelivr.net/npm/bootstrap@5.3.0-alpha3/dist/js/
bootstrap.bundle.min.js"></script>
</body>
</html>
```

> 코드가 매우 길고, 여러분의 코드와 제 코드가 정확하게 일치하지 않을 수 있으며, 또한 이 부분은 데이터를 추출하는 핵심 코드가 아니므로 책에서 생략했습니다

16 그러면 웹 기술을 활용한 어떤 웹사이트의 페이지 일부가 나옵니다. 이 코드를 복사해서 확장자가 .html인 파일로 저장하세요. 그런 다음 해당 파일을 웹 브라우저로 열어봅니다.

17 간단한 웹사이트의 페이지가 뚝딱 만들어집니다! [Prev]나 [Next] 버튼을 누르면 슬라이드 기능으로 카드를 하나씩 넘겨서 볼 수도 있습니다. 이처럼 API를 활용하면 내가 보여줄 웹사이트의 특정 페이지에 필요한 이미지, 정보와 같은 리소스를 편하게 받아올 수 있습니다.

18 앞선 실습을 통해 API를 활용하는 것의 장점을 다시 한 번 실감할 수 있었을 것입니다. 개선된 결과를 얻고 싶다면 '테마를 더 화려하게 만들어줘' 또는 '포켓몬 정보 중 원하는 것을 더 가져와' 등의 프롬프트를 수정하여 디자인을 다듬거나 정보를 추가하는 등 웹사이트를 개선해보기 바랍니다.

📋 마무리 요약

개념 복습하기

☑ API를 활용하면 웹사이트에 필요한 리소스를 쉽게 얻을 수 있습니다.

☑ 간단한 웹사이트를 구성할 때는 챗GPT를 활용해보세요.

☑ API 문서에서 요청, 파라미터를 포함한 내용을 챗GPT에게 알려주면 API 요청 코드를 잘 작성해줍니다.

프롬프팅 복습하기

☑ 다음 문서의 내용을 보고 어떻게 API를 사용해야 하는지 알려줄래?

☑ 포켓몬 TCG의 결괏값 구조는 이렇게 생겼어. 이때 https://api.pokemontcg.io/v2/cards로 받은 모든 포켓몬 TCG 데이터 중 몇 가지 정보를 추려서 엑셀 파일로 변환하는 파이썬 코드를 작성해.

Chapter 18

포켓몬 TCG 사전으로 내 GPT 만들기

포켓몬 TCG API를 활용해서 웹사이트를 만들다 보니, 데이터가 전부 영어로 되어 있어서 조금 아쉬운 점이 있었어요. 만약 이 데이터를 한글로 번역해서 사용할 수 있다면 더 좋을 것 같은데요?

선생님

좋은 아이디어예요! 포켓몬 TCG API에서 받은 데이터를 번역해서 저장하면, 한글로 볼 수 있는 포켓몬 TCG 사전을 만들 수도 있어요.

그러면 API로 받은 데이터를 번역하고, 이를 내 GPT와 연동하면 포켓몬 카드 정보를 한글로 제공하는 챗봇을 만들 수 있겠네요?

선생님

맞아요! 내 GPT를 만들면 API 데이터를 번역하여 제공할 수도 있고, 추가적인 정보를 학습시켜 더욱 유용한 포켓몬 카드 도감을 만들 수 있어요. 이렇게 하면 API 데이터를 활용하는 경험뿐만 아니라, 데이터를 가공하고 사용자 친화적으로 제공하는 방법까지 익힐 수 있어요.

Chapter 17 '포켓몬 TCG 웹사이트 만들기'를 진행하면서 API로 가져온 데이터가 영어로 제공된다는 점에 아쉬웠을 수도 있습니다. 만약 이 데이터를 한글로 번역해서 쓸 수 있는 포켓몬 TCG 사전을 만들면 어떨까요? 여기서는 포켓몬 TCG 사전이라는 내 GPT를 한 번 더 만드는 과정을 통해 앞서 만든 것과 어떻게 다른지 살펴봅시다. 우리가 만들 포켓몬 TCG 사전은 다음과 같이 동작합니다. 미리 구경해봅시다.

결과를 보면 API에서는 영어 데이터를 제공했지만 답변은 한글로 나오고 있습니다. 이처럼 유용한 API를 찾았는데 결과가 영어로 제공된다면 내 GPT와 결합해서 한글 버전의 정보 검색기로 바꿔 만들 수 있습니다.

01 먼저 챗GPT에서 오른쪽 위 프로필 사진을 누른 다음 [내 GPT]를 누릅니다. 그러면 내가 만든 내 GPT의 목록이 보입니다. 여기서 [+ GPT 만들기]를 눌러 새로운 내 GPT를 생성해봅시다.

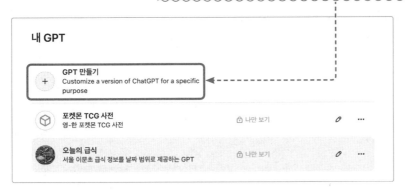

02 새 GPT '만들기' 화면으로 이동합니다. 여기서는 내가 만든 내 GPT의 동작 지침이나 여러 설정을 대화 형식으로 구성할 수 있습니다. 예를 들어 '사전 로고를 만들어서 설정해'라고 입력하면 '프로필 사진 생성 중...'이라는 메시지가 나오고 이내 로고 이미지를 설정해줍니다.

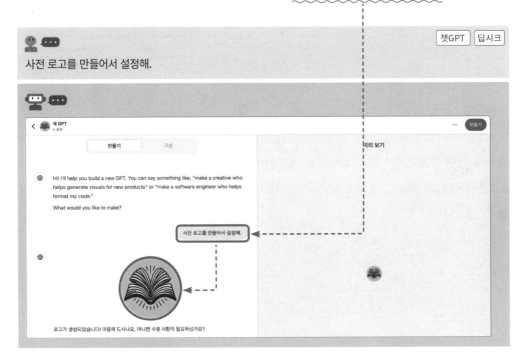

03 나만의 GPT 결과 화면이 오른쪽에 표시되며, 서비스처럼 보이도록 로고가 설정되었네요. 이처럼 대화형 방식으로 내 GPT 설정을 할 수 있습니다. 이제 내 GPT가 실제 포켓몬 TCG API를 기반으로 동작하도록 API를 연결해야 합니다. [구성]을 누르세요.

04 그러면 내 GPT가 실행될 때 기반이 되는 입력값들이 보입니다.

- 이름 : 말 그대로 내 GPT의 이름을 여기에 입력합니다. 여기서는 '포켓몬 TCG 영-한 번역기'라고 짓겠습니다.

- 설명 : 짧은 설명을 추가하면, 미리 보기에서 로고 아래에 간단한 설명이 붙습니다. '포켓몬 TCG API의 영문 정보를 한글로 번역하는 포켓몬 TCG 사전'이라고 간단한 설명을 작성하겠습니다.

- 지침 : 지침은 지금 여기서 설정할 필요는 없습니다. 하지만 사전 프롬프팅을 할 수 있는 곳으로, 예를 들어 API를 연결한 후 받아온 정보 중에서 불필요한 정보가 있으면 제외하도록 지시를 할 수 있습니다. 또는 이모티콘을 추가하여 친근하게 답변하도록 지시를 할 수도 있습니다. 우선은 비워두겠습니다.

- 대화 스타터 : 사용자가 내 GPT에 일정한 프롬프트를 넣을 수 있도록 미리 가이드를 하는 역할을 합니다. 이것도 비워두겠습니다.

05 입력 후 결과 화면은 다음과 같습니다. 반드시 같을 필요는 없으니 원하는 값을 적절히 입력하세요.

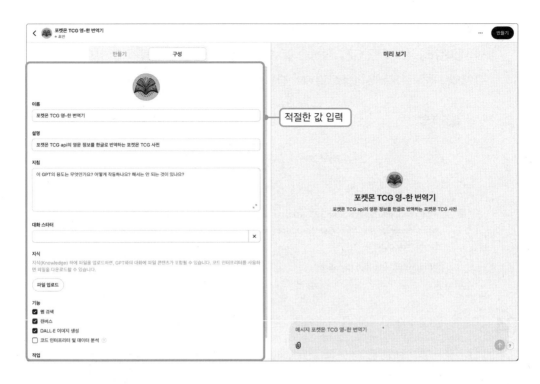

06 이제 가장 중요한 단계입니다. 내 GPT의 답변은 오직 포켓몬 TCG API를 기반으로 동작해야 하므로 '기능'에 있는 [웹 검색], [캔버스], [DALL-E 이미지 생성]은 체크를 해제합니다. 그런 다음 API를 연결하는 연결부인 '작업'에서 [새 작업 만들기]를 눌러 '작업 추가' 화면으로 이동합니다.

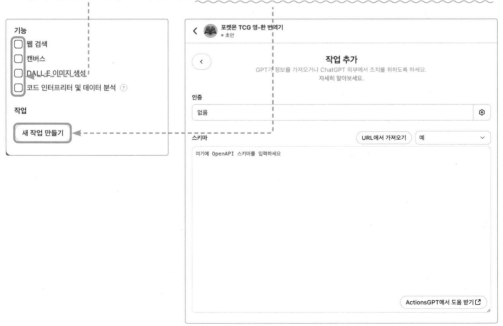

07 작업 추가 화면에서 '스키마'를 입력하는 부분이 보입니다. 이는 [ActionsGPT에서 도움 받기]를 눌러 프롬프트로 문서를 생성할 것이기 때문입니다. 바로 버튼을 눌러봅니다.

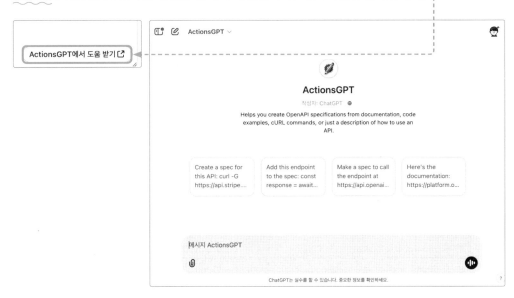

그러면 ActionsGPT로 이동합니다. ActionsGPT는 오픈AI에서 만든 내 GPT 중 하나로, API를 연결하여 나만의 GPT를 만들려는 사용자들을 위해 '스키마 작성을 도와주는 도구'입니다.

08 이를 이용하기 위해서는 사용하려는 API URL과 관련 문서를 ActionsGPT에 제시하면 됩니다. 앞에서 우리가 파이썬 코드를 만들기 위해 API URL과 문서를 그대로 복사해서 쓴 것처럼 말이죠. 그대로 똑같이 해봅니다.

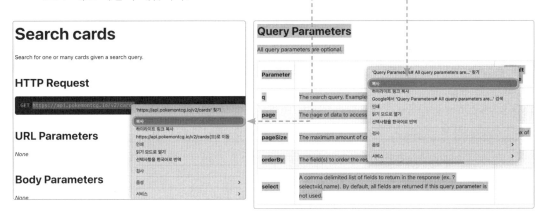

챗GPT 딥시크

https://api.pokemontcg.io/v2/cards

화면을 보고 그대로
복사해서 붙여넣으세요

Query Parameters#

All query parameters are optional.

Parameter Description   Default Value

q The search query. Examples can be found below.

page The page of data to access.   1

pageSize   The maximum amount of cards to return.   250 (max of 250)

orderBy   The field(s) to order the results by. Examples can be found below.

select   A comma delimited list of fields to return in the response (ex. ?select=id,name).
By default, all fields are returned if this query parameter is not used.

내 GPT인 ActionsGPT에 입력하여 대답 받기

Here's an OpenAPI 3.1.0 specification for the Pokémon TCG API's /cards endpoint based on
the information you provided.

```
openapi: 3.1.0
info:
  title: Pokémon TCG API
  description: An API to access Pokémon TCG card data, including querying and
filtering card information.
… 생략 …
          description: Internal server error.
```

09 그러면 영문으로 된 긴 코드를 반환합니다. 이 내용을 그대로 복사해서 작업 추가의 스키마에 그대로 붙여넣습니다. 제대로 붙여넣었다면 아래에 '가능한 작업'이 자동으로 추가되고 [테스트] 버튼이 나타납니다.

NOTE 만약 '가능한 작업'과 [테스트] 버튼이 보이지 않는다면 ActionsGPT에서 같은 프롬프트를 입력해 다시 문서를 받으세요.

10 [테스트] 버튼을 누르면 미리 보기 화면에 'Call the api.pokemontcg.io API with the getCards operation'와 같은 명령이 실행됩니다. API가 정상적으로 동작하면 '~와 대화하고 싶어 합니다'라는 메시지와 함께 [허용하기], [항상 허용하기], [거부하기] 버튼이 나옵니다. 바로 이것이 내가 만든 내 GPT와 API가 연결되었고, 내 GPT가 API에 요청을 보내고 응답을 받아오 겠다는(대화하겠다는) 것입니다. [항상 허용하기]를 눌러 연결을 승인하세요.

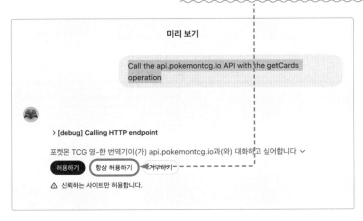

작업이 진행되면서 포켓몬 TCG API의 일부 데이터를 가져와 기본 정보를 보여줄 겁니다. 다음과 같은 화면이 나오면 API 연결이 성공적으로 된 것입니다.

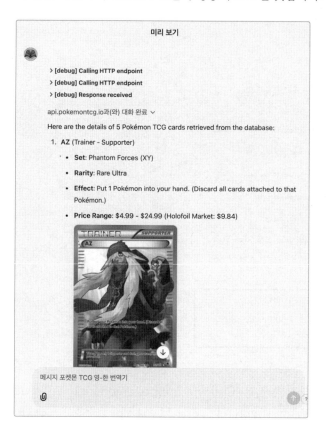

위 화면에 나온 데이터는 챗GPT가 알고 있는 데이터가 아니라 실제로 포켓몬 TCG API에서 데이터를 가져와 이미지나 가격 등 여러 값을 출력한 겁니다.

11 이제 이 상태에서 내 GPT의 일부 설정만 프롬프트로 추가하면 마무리됩니다. '작업 추가' 화면에서 ❶ [〈]를 눌러 뒤로 돌아온 다음 ❷ [만들기]를 눌러서 다음과 같이 프롬프팅합니다.

- 결과로 얻은 값을 영어가 아닌 한글로 번역할 것

- 이미지를 결과에 바로 보여줄 것

- 친절한 말투와 함께 이모티콘을 곁들여서 보여줄 것

업데이트 완료했어요!

이제 포켓몬 TCG 정보를 한글로 번역하고, 이미지도 함께 보여줄 거예요.

더 수정하거나 추가하고 싶은 점이 있을까요?

그러면 [구성]에 내가 입력한 프롬프트를 바탕으로 지침이나 대화 스타터가 추가됩니다. 미리 보기도 그에 맞게 바뀌었네요.

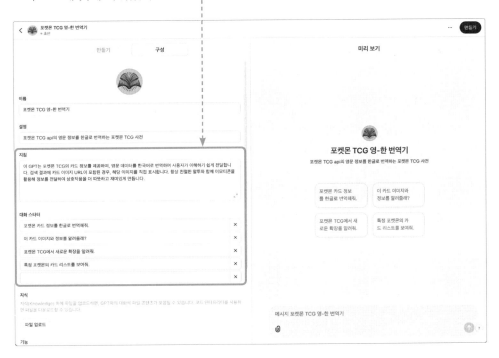

12 이제 미리 보기에서 테스트를 진행해봅니다. 다음과 같이 질문해볼까요?

이상해씨 관련 정보 중 1개만 보여줘.

그러면 친절한 말투와 이모티콘을 곁들여 이상해씨와 관련된 데이터를 설명합니다. 놀라운 점은 API에서 제공하는 데이터는 모두 영어였는데, 이것을 한글로 번역해줬다는 겁니다. 그리고 마치 포켓몬스터 만화에서 보던 포켓몬 도감처럼, 사전 챗봇과 같이 동작하고 있습니다.

13 이제 내 GPT를 누구나 사용할 수 있도록 배포해봅시다. 배포하려면 [구성]에서 '새 작업 만들기'에 추가했던 API 작업에 '개인정보 보호 정책 URL'을 입력해야 합니다.

> **NOTE** 포켓몬 TCG API 링크였던 https://docs.pokemontcg.io/api-reference/cards/search-cards를 추가했습니다.

14 이제 배포를 위해 [만들기]를 누릅니다. 그런 다음 [GPT 스토어]를 선택하고 [저장]을 누릅니다. 'GPT 게시됨'이라는 메시지가 나타나면 배포가 완료된 것입니다.

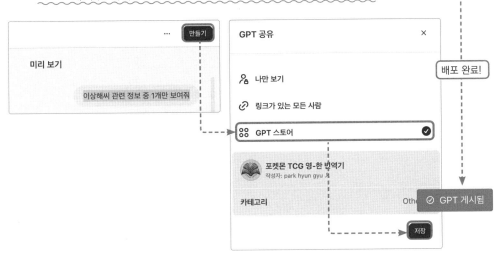

15 이제 GPT 스토어에서 직접 만든 내 GPT를 검색해봅니다. 챗GPT 메인 화면으로 돌아와서 [GPT 탐색]을 누르고 검색창에 '포켓몬 TCG'라고 검색합니다. 그러면 내가 배포한 내 GPT가 보입니다. 배포 성공입니다.

16 앞에서 미리 보기로 봤던 것처럼 내 GPT가 정상적으로 동작하는 것을 확인할 수 있습니다. 포켓몬 정보뿐만 아니라 TCG API로 카드 가격 등 추가 정보에 대해서도 잘 답변해줍니다. 6000만 원짜리 카드도 있다고 알려주니, 놀랍네요.

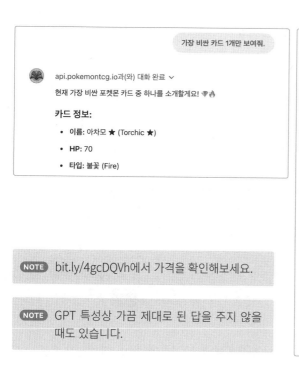

NOTE bit.ly/4gcDQVh에서 가격을 확인해보세요.

NOTE GPT 특성상 가끔 제대로 된 답을 주지 않을 때도 있습니다.

혹시나 할루시네이션(환각)인가 싶어 검색했더니 정말로 가장 비싼 카드가 맞습니다. 심지어 실제 마켓의 가격과도 동일하게 나왔습니다. 이렇게 API를 활용해 만든 내 GPT는 보다 정확한 정보를 더 빠르게, 그리고 내가 원하는 형태로 가공해서 답할 수 있다는 장점이 있어 잘 활용할 줄만 알면 매우 유용하게 사용할 수 있습니다.

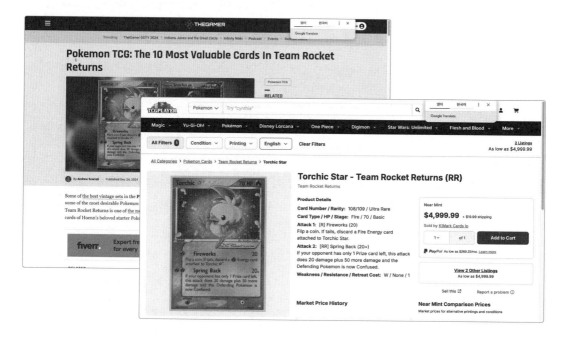

17 그러면 챗GPT 본체는 포켓몬 TCG 카드에 대한 정보를 알고 있을까요? 내 GPT가 별것 아닐 수도 있다는 생각이 든다면 실제로 챗GPT에게 동일한 검색을 시켜보면 됩니다. 하지만 결과는 내 GPT의 승입니다. 내 GPT는 API를 기반으로 정확한 정보를 전달해주지만, 챗GPT는 정확한 정보를 찾지 못하거나 원하는 답을 제대로, 그리고 빠르게 전달하지 못할 가능성이 큽니다. 이 차이가 내 GPT의 강력한 장점이라 할 수 있습니다.

챗GPT · 딥시크

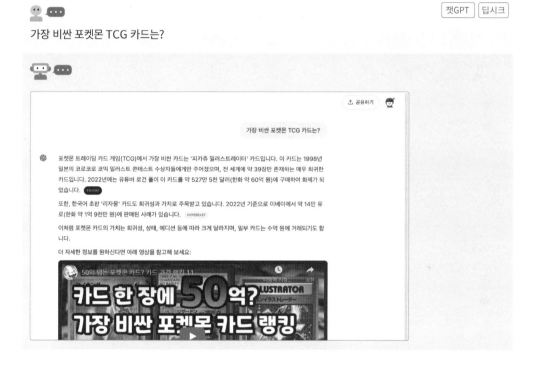

🌀 마무리 요약

개념 복습하기

☑ API 기반으로 만든 내 GPT는 챗GPT가 학습하지 못한 내용을 답변할 수 있고, 할루시네이션도 방지할 수 있습니다.

☑ 다만 할루시네이션은 GPT 자체의 특징이므로 내 GPT에서 완전히 제거할 수는 없습니다.

## Chapter 19

뉴욕타임스 이메일 받아보기

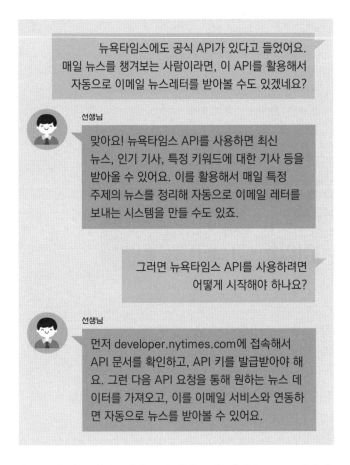

뉴욕타임스에도 공식 API가 있다고 들었어요. 매일 뉴스를 챙겨보는 사람이라면, 이 API를 활용해서 자동으로 이메일 뉴스레터를 받아볼 수도 있겠네요?

선생님

맞아요! 뉴욕타임스 API를 사용하면 최신 뉴스, 인기 기사, 특정 키워드에 대한 기사 등을 받아올 수 있어요. 이를 활용해서 매일 특정 주제의 뉴스를 정리해 자동으로 이메일 레터를 보내는 시스템을 만들 수도 있죠.

그러면 뉴욕타임스 API를 사용하려면 어떻게 시작해야 하나요?

선생님

먼저 developer.nytimes.com에 접속해서 API 문서를 확인하고, API 키를 발급받아야 해요. 그런 다음 API 요청을 통해 원하는 뉴스 데이터를 가져오고, 이를 이메일 서비스와 연동하면 자동으로 뉴스를 받아볼 수 있어요.

뉴욕타임스에도 공식 API가 있습니다. 매일 뉴욕타임스의 기사를 보고 싶다면 공식 API를 이용해서 자동으로 이메일 뉴스레터를 받아볼 수도 있습니다. 다음 홈페이지에 접속하면 뉴욕타임스의 공식 API 문서와 관련 정보를 볼 수 있습니다.

- **뉴욕타임스 디벨로퍼 홈페이지** : developer.nytimes.com

지금까지는 API로 데이터를 확인하거나 내 GPT를 만드는 것에 그쳤지만, 이번에는 정기 이메일을 발송하는 간단한 실습을 통해 매일 뉴욕타임스 뉴스레터를 받아보는 실습을 하겠습니다.

01 가장 먼저 API 키를 발급받아야 합니다. 뉴욕타임스 디벨로퍼 홈페이지를 보면 'Get Started' 항목에 API 키 발급 방법을 설명하고 있지만 영어로 되어 있으므로 책에서는 한글로 친절하게 설명하겠습니다. 우선 해당 홈페이지에 가입하고 로그인해야 합니다. 오른쪽 위에 보이는 [Sign in]을 누르고 [Create an account]를 눌러 가입한 다음 로그인하세요.

02 가입 후에는 [내 계정 → Apps]로 이동합니다. 그런 다음 [+ New App]을 눌러 앱을 추가합니다. 여기서 앱을 추가한다는 건 'API를 활용하기 위한 매개체를 만드는 과정' 정도로 이해하면 됩니다. Overview에는 적당한 값을 입력합니다. 그리고 아래에 있는 여러 API 중 Most Popular API를 이용하겠습니다. [Enable]을 눌러 API를 활성화합니다.

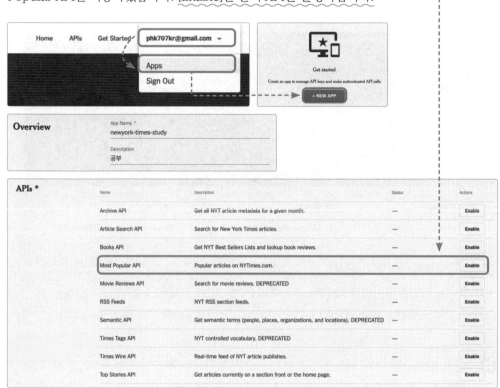

03 설정을 모두 마쳤다면 오른쪽 아래에 있는 [Save]를 누릅니다. 그러면 우리에게 익숙한 API 키가 생성됩니다. 이 키값을 이용해서 뉴욕타임스의 내가 설정한 API(Most Popular API)를 이용할 수 있습니다.

04 메뉴에 있는 [APIs]를 누르고 [Most Popular API]를 누릅니다.

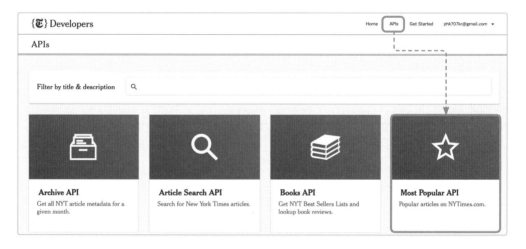

05 그러면 Overview 문서가 보입니다. 문서의 Most Popular 부분을 살펴보면 3가지 옵션을 제공하는 것을 알 수 있습니다.

- Get most emailed articles for the last day : 어제 이메일로 가장 많이 발송된 기사 가져오기

- Get most shared articles on Facebook for the last day : 어제 페이스북에 가장 많이 공유된 기사 가져오기

- Get most viewed articles for the last seven days : 7일간 가장 많이 조회된 기사 가져오기

어떤 것을 선택해도 상관없지만 7일간 가장 많이 본 기사를 받아보겠습니다. 해당 옵션 아래에

있는 'Example Call' 항목 중 세 번째 항목을 보면 샘플 URL이 있습니다. 이 값을 복사합니다.

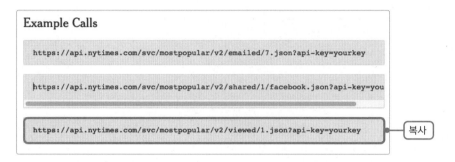

06 그런 다음 Overview 문서 내용 중 'Viewed Article'에 해당하는 표 내용을 모두 복사하고 다음
과 같이 프롬프팅합니다.

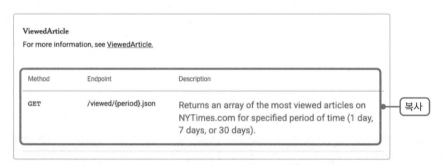

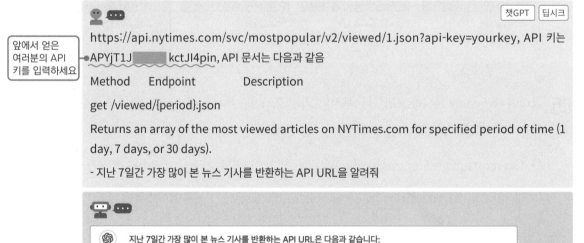

07 챗GPT가 문서를 분석해서 지난 7일간 가장 많이 본 뉴스 기사를 반환하는 주소를 만들어줍니다. 이 주소를 복사해서 그대로 웹 브라우저에 붙여넣습니다. 그러면 많은 양의 기사 데이터가 반환된 것을 확인할 수 있습니다.

08 우리는 이 데이터를 직접 분석하기 어려우므로, 챗GPT에게 데이터 구조를 보여주고 필요한 값만 추출하도록 요청합니다. 데이터를 모두 복사해 다음과 같이 프롬프팅해봅시다.

챗GPT | 딥시크

이 데이터 구조를 파악해서 어떤 값을 가지고 있는지 표로 정리해서 보여줘.

<데이터 복사한 값>

이 데이터 구조에 포함된 주요 키와 설명을 아래 표로 정리하였습니다:

키	설명
status	요청의 상태 (예: `OK`)
copyright	데이터의 저작권 정보
num_results	반환된 결과의 총 개수
results	각 기사의 상세 정보를 담고 있는 배열
uri	기사 URI 식별자
url	기사 URL 주소
title	기사 제목
abstract	기사 요약
des_facet	주제별 키워드 배열
org_facet	관련 조직 배열
per_facet	관련 인물 배열
geo_facet	관련 지리적 위치 배열
media	미디어 정보 배열 (이미지 및 메타데이터 포함)
eta_id	기타 ID 정보 (기본값: `0`)

챗GPT가 정리해준 데이터 구조 표를 보면, 다양한 값이 포함되어 있는 것을 확인할 수 있습니다. 특히 num_results 항목을 보면 방금 주소를 입력해서 얻은 기사 개수가 20개인 것과 results에 기사의 핵심 정보가 담겨 있는 것을 확인할 수 있습니다.

```
pretty print 적용 ✓ ───● ┌── 여기를 체크하면 정돈된 데이터를 볼 수 있어요 ──┐
{
    "status": "OK",
    "copyright": "Copyright (c) 2025 The New York Times Company.  All Rights Reserved.",
    "num_results": 20,
    "results": [
        {
            "uri": "nyt://article/5a21a321-5cc8-502e-a032-f2db8defa72f",
            "url": "https://www.nytimes.com/2025/01/20/us/politics/trump-executive-orders-list.html",
            "id": 100000009936817,
            "asset_id": 100000009936817,
            "source": "New York Times",
            "published_date": "2025-01-20",
            "updated": "2025-01-23 06:53:25",
            "section": "U.S.",
            "subsection": "Politics",
            "nytdsection": "u.s.",
            "adx_keywords": "Executive Orders and Memorandums;United States Politics and Government;Government Employees;Immigration
Tariff);International Trade and World Market;Global Warming;Names, Geographical;Security and Warning Systems;Trump, Donald J;T
            "column": null,
            "byline": "By Zolan Kanno-Youngs, Michael D. Shear and Noah Weiland",
            "type": "Article",
            "title": "Trump's Executive Orders: Reversing Biden's Policies and Attacking the 'Deep State'",
            "abstract": "The president moved swiftly in his first hours in office, signing a slew of executive orders in front of a r
            "der_facet": [
```

09 데이터 구조가 얼추 파악되었습니다. 여기서 다음 정보만 활용해 뉴스레터를 만들겠습니다.

- published_date : 기사 날짜

- url : 기사 주소

- title : 기사 제목

- abstract : 기사 요약

이 값을 추출해 메일을 보내려면 앱스 스크립트를 활용해야 합니다. 다음 과정을 통해 뉴스레터를 자동으로 발송하겠습니다.

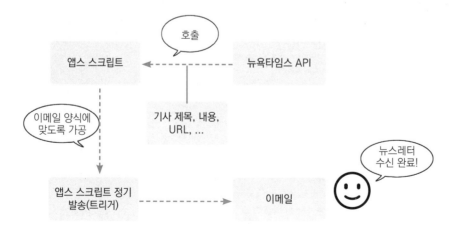

여기서부터는 앱스 스크립트가 모든 과정의 핵심 역할을 합니다. 앱스 스크립트로 뉴욕타임스 API를 호출해 기사 제목, 내용 등 정보를 받아옵니다. 그런 다음 이 데이터를 가공하여 앱스 스크립트 정기 발송 옵션인 '트리거'를 활용해 이메일을 자동으로 발송합니다. 이 과정이 복잡하게 느껴질 수 있지만 핵심 개념만 이해하면 되며, 실제 코드 작성은 프롬프트를 활용해 자동으로 생성할 것입니다.

10 바로 실습해봅시다. 다음과 같이 문맥을 살려서 뉴욕타임스 API를 호출하여 원하는 데이터 값만 추출합니다. 그런 다음 지정한 이메일로 메일을 자동 발송하는 앱스 스크립트 코드를 작성해 달라고 프롬프트를 입력합니다.

> NOTE 문맥을 살려서 프롬프팅해야 제대로 데이터 구조를 이해하고 코드를 작성해줍니다.

🤖 💬   뉴욕타임스 API 키값을 입력하세요   챗GPT   딥시크

https://api.nytimes.com/svc/mostpopular/v2/viewed/7.json?api-key=APYjT1 ▨▨▨ kct
JI4pin와 같은 API를 호출해 받은 정보에서 published_date : 기사 날짜, url : 기사 주소, title : 기사 제목,
abstract : 기사 요약을 추출해 다음과 같이 이메일을 발송하는 앱스 스크립트 코드 작성

- 메일 제목 : title(기사 제목) 활용
- 메일 내용 : published_date(기사 날짜), url(기사 주소), abstract(기사 요약)을 활용
- 메일 수신 대상자 : <내 이메일 주소> ●━━ 이 값을 자신의 이메일 주소로 바꾸세요

🤖 💬

```
function sendEmailWithArticles() {
  const apiKey = 'APYjT ▨▨▨▨ tJI4pin'; // API 키
  const apiUrl = 'https://api.nytimes.com/svc/mostpopular/v2/viewed/7.json?api-
key=${apiKey}';
  const recipient = '<내 이메일 주소>'; // 수신 대상자 이메일 주소

  try {
    // API 호출
    const response = UrlFetchApp.fetch(apiUrl);
    const data = JSON.parse(response.getContentText());

    // 데이터에서 필요한 정보 추출
    if (data.status === "OK" && data.results) {
```

```
    data.results.forEach(article ⇒ {
      const publishedDate = article.published_date; // 기사 날짜
      const title = article.title; // 기사 제목
      const url = article.url; // 기사 주소
      const abstract = article.abstract; // 기사 요약

      // 이메일 제목과 내용 구성
      const subject = title; // 이메일 제목
      const body = '
        기사 날짜: ${publishedDate}
        기사 주소: ${url}

        기사 요약:
        ${abstract}
      ';

      // 이메일 발송
      GmailApp.sendEmail(recipient, subject, body);
    });
  } else {
    Logger.log('API 호출 결과에 데이터가 없습니다.');
  }
} catch (error) {
  Logger.log('오류 발생: ${error.message}');
}
}
```

11 이메일을 정기적으로 발송하는 코드를 완성했습니다. 이제 이 코드를 어디에 작성해야 할까요? 바로 구글 드라이브의 앱스 스크립트 파일입니다. 먼저 구글 드라이브에서 앱스 스크립트 파일을 만들기를 위해 마우스 오른쪽 버튼을 누릅니다. 여기서 [더보기 → Google Apps Script]라는 옵션을 선택합니다.

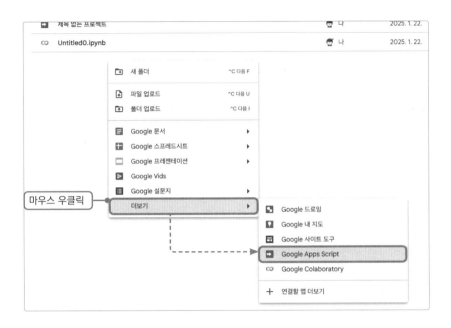

12 그러면 코드를 입력하는 앱스 스크립트 화면이 나옵니다. 여기에 앞에서 받은 코드를 그대로 붙여넣습니다. 그리고 API 키와 이메일 주소가 제대로 입력되었는지 확인합니다.

13 이상없다면 `Ctrl + S` 나 █를 눌러 코드를 저장하세요. 그러면 메뉴 목록에 sendEmail WithArticles와 같이 함수 이름이 보입니다. 이 함수를 선택한 상태에서 [▶ 실행]을 누르세요.

그러면 권한 승인 화면이 나타나는데 다음 그림을 참고해 승인 과정을 수행합니다.

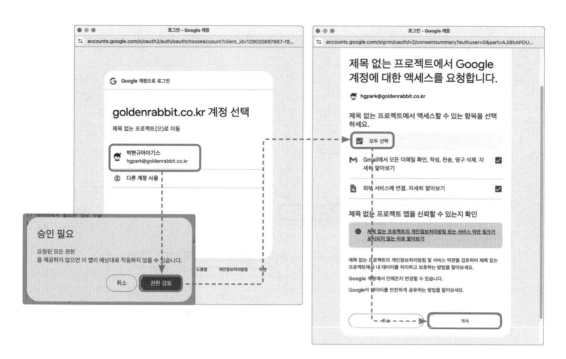

승인을 완료하면 아래에 보이는 '로그' 화면에 '실행 중'이라는 메시지가 표시되며, 조금 기다리면 작업이 완료됩니다. 기사의 양이 많기 때문에 몇 분 정도 소요됩니다.

결과를 보면 내가 지정한 이메일 주소로 20개의 뉴욕타임스 기사 메일이 정상적으로 발송된 것을 확인할 수 있습니다.

20개 메일 발송됨

14 앞서 코드에서 각 기사를 개별 메일 발송 처리했으므로, 20개가 각각 따로 메일함에 왔을 겁니다. 이번에는 모든 기사를 하나의 메일에 담아 보내도록 다음과 같이 문맥을 살려 프롬프팅해 수정해봅니다.

15 같은 방식으로 챗GPT에게 받은 코드를 복사해서 앱스 스크립트에 붙여넣습니다. 그리고 파일을 저장한 다음 실행할 함수 선택 후 [▶ 실행]을 누르면 한 메일에 모든 기사가 포함되어 발송됩니다.

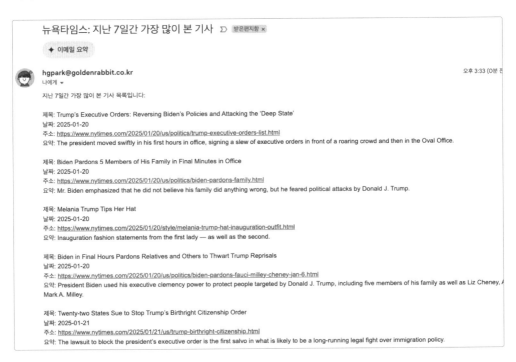

16 이제 이메일을 정기적으로 발송하도록 설정하면 됩니다. 앱스 스크립트로 돌아가서 왼쪽 메뉴에 보이는 시계 모양 아이콘 [트리거]를 누릅니다. [+트리거 추가]를 클릭해 옵션을 그림과 같이 시간 기반으로 설정하고, 일 단위 타이머를 선택합니다. 원하는 이메일 발송 시간을 설정한 다음 제대로 등록되었는지 확인합니다.

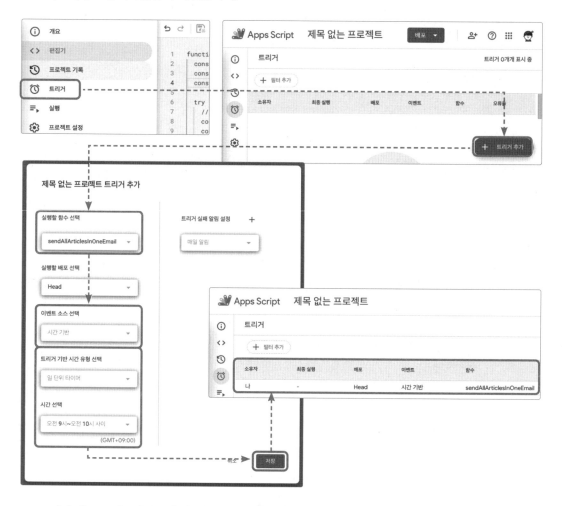

여기서는 오전 9시~10시 사이에 트리거가 동작하도록 설정했습니다. 이제 매일 오전 9시에 뉴스 기사 이메일이 자동으로 발송될 것입니다. 앞에서 본 구조대로 뉴욕타임스의 기사 메일을 받을 수 있게 된 겁니다.

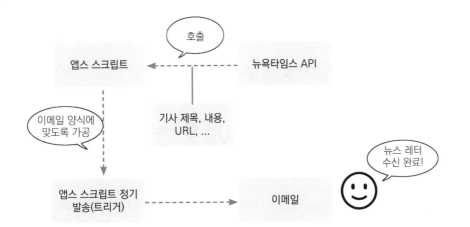

이처럼 API를 활용해 다른 도구와 연결하면 나만의 뉴스레터 메일 앱도 만들 수 있습니다.

 **마무리 요약**

개념 복습하기

- ☑ API와 앱스 스크립트를 조합하면 메일을 정기적으로 발송할 수 있습니다.
- ☑ 앱스 스크립트의 트리거는 특정 시간대에 앱스 스크립트 코드를 실행할 수 있게 해줍니다.

(Chapter 20)

유튜브 채널에 있는
모든 동영상 정보 가져오기

마케터나 직장인이라면 시장 조사나
트렌드 분석을 위해 유튜브를 자주 참고하잖아요.
그래서 이번에는 유튜브 채널의 모든 동영상 정보를
가져오는 실습을 해보려고 해요.

선생님

좋은 시도예요! 유튜브 API를 활용하면 특정
채널의 모든 영상 목록, 조회 수, 좋아요 수, 댓
글 수 같은 다양한 데이터를 가져올 수 있어요.

그런데 유튜브 API는 사용하려면 절차가 꽤 복잡하다고
들었어요. 단순히 회원가입만 하면 되는 게 아니라고요?

선생님

맞아요! 지금까지 다룬 API는 회원가입이나
로그인만 하면 사용할 수 있었지만,
유튜브 API처럼 일부 서비스는 API 키
발급뿐만 아니라 프로젝트 생성, API 사용 설정
같은 추가 절차를 요구해요. 이 과정을 직접
경험하면서 복잡한 API 사용 절차에 익숙해지
는 것도 중요한 배움이 될 거예요.

마케터나 직장인 등 많은 사람은 시장 조사 혹은 트렌드 등을 파악할 때 유튜브를 자주 활용합니다. 여기서는 유튜브 채널에 있는 모든 동영상 정보를 가져오는 실습을 진행합니다. 그리고 이 실습에서 강조하고 싶은 것은 API를 활용하기 위해 꽤 복잡한 절차를 거쳐야 하는 사이트가 많은데, 유튜브 API가 대표적인 경우 중 하나입니다. 지금까지는 API를 사용하기 위해 회원가입이나 로그인만 하면 쉽게 사용할 수 있었지만, 사용 설정 추가가 필요한 경우 등 그렇지 않은 사이트도 많습니다. 따라서 이번 실습에서는 이처럼 복잡한 API 사용 과정을 직접 경험하는 것에 집중해보기 바랍니다.

01 유튜브는 구글이 소유하고 있으므로, 유튜브 API를 활용하려면 구글 클라우드 콘솔^{Google Cloud Console}에 접속해야 합니다. 구글 콘솔에서는 유튜브 API 외에도 다양한 구글 관련 기능을 제공하는 곳입니다. 처음 구글 콘솔에 접속하여 계정 정보를 확인하면 다음 화면이 보입니다. 국가, 서비스 약관을 모두 체크하고 [동의 및 계속하기]를 눌러 다음으로 진행하세요.

02 그러면 구글 콘솔의 초기 화면이 보입니다. 우리가 사용할 기능은 [API 및 서비스]이지만 이 항목을 선택하려면 먼저 [프로젝트]라는 것을 생성해야 합니다. 위쪽에 [프로젝트 선택]을 누르고 [새 프로젝트]를 눌러 프로젝트를 만듭니다. 프로젝트 이름은 자유롭게 설정합니다.

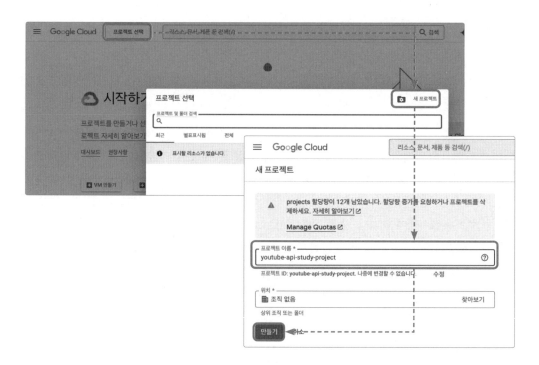

03 잠시 기다리면 프로젝트 생성이 완료됩니다. 프로젝트 생성이 완료되면 다시 [프로젝트 선택]을 눌러 방금 생성한 프로젝트를 선택하여 이동합니다. 프로젝트 설정이 모두 완료되면 API 키 발급 등의 작업을 진행할 겁니다.

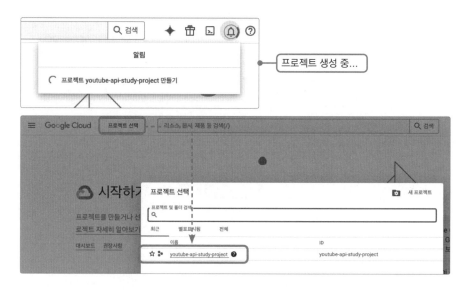

04 프로젝트를 설정했으면 [API 및 서비스]를 눌러 본격적으로 API 키를 발급받으러 가봅시다.

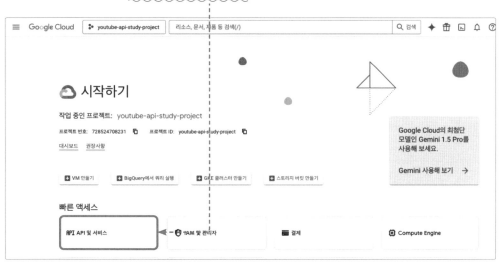

05 [API 및 서비스]를 눌러 이동한 화면의 왼쪽 메뉴에서 [사용 설정된 API 및 서비스]로 잘 선택되어 있는지 확인합니다. 복잡해보이는 대시보드 화면이 보이지만 겁낼 것 없습니다. 우리가 할 것은 우리 프로젝트에서 사용할 구글 API를 선택하는 것과 해당 API를 사용하기 위해 필요한 API 키를 생성하는 겁니다. 화면에서 [+ API 및 서비스 사용 설정]을 누르세요. 그러면 구글에서 제공하는 수많은 API 항목을 볼 수 있습니다.

API 서비스가 얼마나 많으면 직접 검색하라고 하는 걸까요? 왼쪽을 보면 475개의 API 서비스가 제공되고 있습니다. 우리는 그중 하나인 유튜브 API를 사용합니다.

06 검색창에 'Youtube'를 검색하면 유튜브 관련 API가 목록으로 보입니다. 그중 [Youtube Data API v3]를 선택하고, [사용]을 누릅니다.

07 프로젝트의 유튜브 API 사용 대시보드가 나타나면서 화면 맨 위에 '이 API를 사용하려면 사용자 인증 정보가 필요할 수 있습니다.'라는 메시지와 함께 [사용자 인증 정보 만들기]라는 버튼이 보입니다. 사용자 인증 정보를 설정해야 유튜브 API를 사용할 수 있습니다. [사용자 인증 정보 만들기]를 누릅니다.

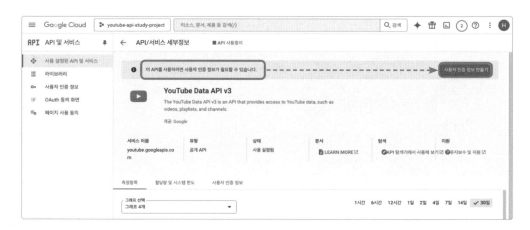

08 사용자 인증 정보 화면으로 이동하면, 화면에 나온 안내에 따라 '공개 데이터'를 체크하고 [다음]을 누릅니다. 이제 화면에 API 키가 표시되며, API 키를 복사한 다음 [완료]를 눌러 설정을 마무리하세요.

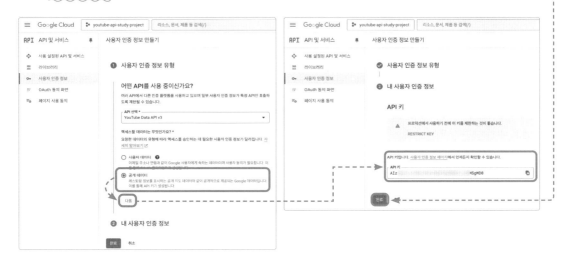

09 만약 복사한 API 키를 잊어버렸다면 왼쪽 메뉴의 [사용자 인증 정보]에서 다시 확인할 수 있습니다.

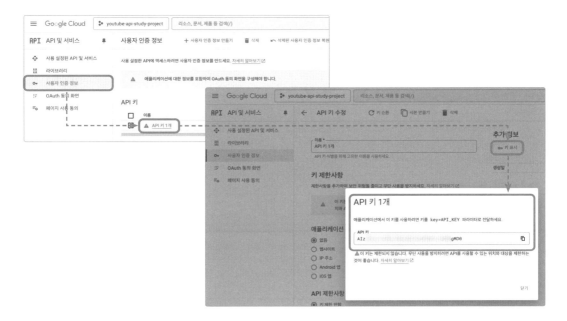

10 이제 API 키를 발급받았으니, 유튜브에서 특정 정보를 어떻게 가져올 수 있는지 살펴봐야 합니다. 다음 홈페이지에 접속하면 Youtube Data API v3에 대한 문서를 볼 수 있습니다. 문서가 복잡해보일 수 있지만 우리가 필요한 것은 '채널 리스트'이므로 [채널 → list]를 눌러 관련 문서를 확인합니다.

- **구글 디벨로퍼 유튜브 API 홈페이지** : developers.google.com/youtube/v3/docs

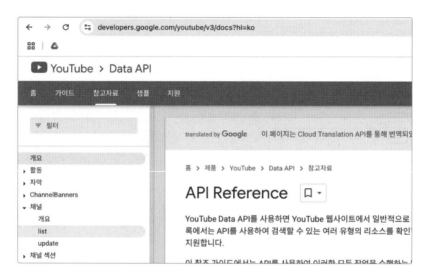

11 스크롤을 조금 내리면 API를 호출하기 위한 URL과 함께 전달해야 할 정보가 정리된 문서를 볼 수 있습니다. 이 내용을 모두 복사해서 프롬프트에 사용할 겁니다.

> **NOTE** 사실 더 많은 문서를 복사해야 하지만 유튜브 API를 활용한 동영상 제목 조회 같은 프로그램이 많은 탓에 이 정도의 정보만 챗GPT에게 제공해도 알아서 프로그램을 만들 수 있습니다. 만약 더 구체적인 프로그램으로 발전시키고 싶다면 이런 방식으로 원하는 기능에 맞는 문서를 찾아서 챗GPT에게 정보를 제공하면 됩니다.

매개변수

다음 표에는 이 쿼리가 지원하는 매개변수가 나와 있습니다. 나열된 모든 매개변수는 쿼리 매개변수입니다.

매개변수	
필수 매개변수	
part	string **part** 매개변수는 API 응답할 포함할 하나 이상의 **channel** 리소스 속성의 쉼표로 구분된 목록을 지정합니다. 매개변수가 하위 속성이 포함된 속성을 식별하면 하위 속성이 응답에 포함됩니다. 예를 들어 **channel** 리소스에서 **contentDetails** 속성에는 **uploads** 속성과 같은 다른 속성이 포함됩니다. 따라서 **part=contentDetails**를 설정하면 API 응답에 이러한 중첩된 속성도 모두 포함됩니다. 다음 목록에는 매개변수 값에 포함할 수 있는 **part** 이름이 포함되어 있습니다. • auditDetails • brandingSettings • contentDetails • contentOwnerDetails • id • localizations • snippet • statistics • status • topicDetails
필터(다음 매개변수 중 정확히 하나만 지정)	
categoryId	string 이 매개변수는 지원 중단되었습니다. **categoryId** 매개변수는 YouTube 가이드 카테고리를 지정했으며 이 카테고리와 연결된 YouTube 채널을 요청하는 데 사용할 수 있습니다.

복사

12 다음과 같이 프롬프팅을 해봅니다. 저는 '지식채널e' 채널의 모든 동영상 제목을 추출하는 프로그램을 만들기 위해 다음과 같이 프롬프팅했습니다.

> 챗GPT 딥시크
>
> 유튜브 API를 활용해 https://www.youtube.com/@ebs_jisike 채널의 모든 동영상 제목 추출하는 파이썬 코드 작성.
> - API 호출 URL : https://www.googleapis.com/youtube/v3/channels
> - API 키 : AIzaSyCy〔   〕JRXMSgMD0 ● ─ 여러분의 API 키를 입력하세요
> - 매개변수 :
> <문서에서 복사한 매개변수 표 텍스트> ● ─ 앞에서 복사한 매개변수 표 텍스트를 입력하세요

> 위 Python 코드는 @ebs_jisike 유튜브 채널의 모든 동영상 제목을 추출하기 위한 코드입니다. 코드의 동작 방식과 주요 부분은 다음과 같습니다:

```python
import requests

# API 키 및 기본 URL 정의
```

```
API_KEY = "AIzaSy ▓▓▓▓ BUAuJRXMSgMD0"
BASE_URL = "https://www.googleapis.com/youtube/v3"

… 생략 …
```

코드가 매우 길어 일부 생략했습니다. 여러분이 코드에서 확인할 내용은 프롬프팅에서 제시한
API 키가 잘 입력되어 있는지 여부입니다.

13 코드를 실행하면 '지식채널e'의 모든 동영상 제목을 추출합니다. 실제로 '지식채널e'의 동영상
개수가 917개이므로 정상적으로 데이터를 잘 가져왔습니다.

```
… 생략 …
913. 2023 CONNeCT 나와 내 마음을 잇다  - 내 마음, 추앙해 | [지식채널e]
914. 2023 CONNeCT 나와 내 마음을 잇다 - 잠시, 외부와의 연결이 종료되었습니다 | [지
식채널e]
915. 2023 CONNeCT 기억과 나를 잇다 - 그것은 이미 일어난 일입니다 | [지식채널e]
916. 2023 CONNeCT 한국과 나를 잇다 - 나를 사로잡은 ASMR 1부 | [지식채널e]
917. 2023 CONNeCT 타인과 나를 잇다 - 어떤 나는 좋고 어떤 나는 싫지만 | [지식채널e]
```

14 코드가 동작하는 것을 확인했으니 조금 더 상세한 정보를 요청해봅니다. 문맥을 살려서 각 영상의 조회 수, 영상 URL까지 함께 추출해 엑셀로 저장하겠습니다.

각 동영상의 조회 수, 동영상 URL까지 추출해 엑셀 파일로 저장

아래는 동영상 제목, 조회 수, 동영상 URL을 추출해 엑셀 파일로 저장하는 Python 코드입니다. 이 코드는 위의 기본 코드를 확장해 각 동영상의 조회 수(statistics)와 URL을 포함해 엑셀로 저장합니다.

```
import requests
import pandas as pd
# API 키 및 채널 핸들 설정
... 생략 ...
```

15 코드를 실행하면 917개의 모든 영상에 대해 조회 수, 동영상 URL을 모두 추출해 엑셀 파일로 저장합니다. 데이터 양이 많기 때문에 처리하는 데 몇 분 정도의 시간이 소요될 수 있습니다.

16 이렇게 많은 양의 정보를 요청한 다음에 반드시 해야 할 일은 여러분의 구글 콘솔 프로젝트에서 API 사용 요청 한도가 얼마나 남았는지 확인하는 겁니다. 고급 정보를 제공하는 API는 빠르고 쉽게 데이터를 추출할 수 있지만 사용량이 무제한은 아닙니다. 그러니 구글 콘솔에서 여러분의 프로젝트로 이동하여 사용 한도를 확인하기 바랍니다.

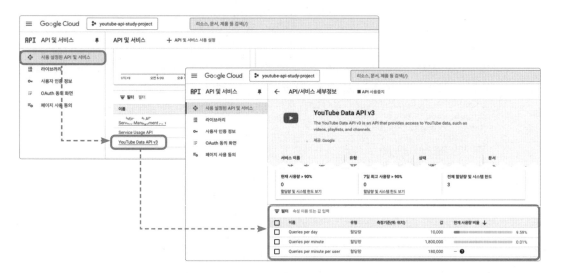

이렇게 유튜브 API를 활용해 유튜브 채널에 있는 동영상 정보를 추출하는 방법도 배웠습니다. 비록 코드를 세세하게 분석하지는 못했지만 지금까지 공부한 API 사용 방법만 알고 있어도 프롬프팅을 통해 원하는 정보를 충분히 얻을 수 있다는 점을 알았습니다.

📋 **마무리 요약**

개념 복습하기

☑ 유튜브 API는 단순히 회원가입 후 사용할 수 없습니다. 프로젝트 설정, API 사용 설정 등을 마쳐야 사용할 수 있습니다.

☑ 유튜브 API 외에도 구글 독스 API, 구글 스프레드시트 API 등 다양한 API가 있습니다. 만약 API를 통해 데이터 추출뿐만 아니라 문서 작업을 하고 싶다면 구글의 다양한 API를 활용해보기 바랍니다.

Chapter 21

유튜브 동영상에 있는 댓글 모두 수집하기

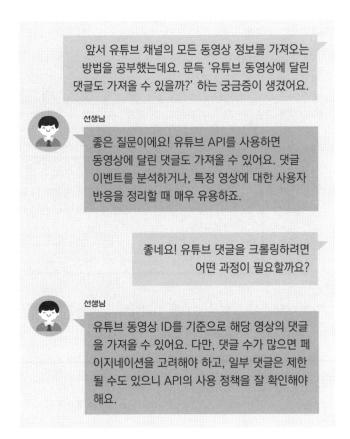

앞서 유튜브 채널의 모든 동영상 정보를 가져오는 방법을 공부했는데요. 문득 '유튜브 동영상에 달린 댓글도 가져올 수 있을까?' 하는 궁금증이 생겼어요.

선생님

좋은 질문이에요! 유튜브 API를 사용하면 동영상에 달린 댓글도 가져올 수 있어요. 댓글 이벤트를 분석하거나, 특정 영상에 대한 사용자 반응을 정리할 때 매우 유용하죠.

좋네요! 유튜브 댓글을 크롤링하려면 어떤 과정이 필요할까요?

선생님

유튜브 동영상 ID를 기준으로 해당 영상의 댓글을 가져올 수 있어요. 다만, 댓글 수가 많으면 페이지네이션을 고려해야 하고, 일부 댓글은 제한될 수도 있으니 API의 사용 정책을 잘 확인해야 해요.

앞에서 공부한 Chapter 20 '유튜브 채널에 있는 모든 동영상 정보 가져오기'를 공부하면서 '유튜브 동영상에 달린 댓글은 가져올 수 없나?'라는 생각을 했나요? 댓글 이벤트 등 유튜브 영상에 대한 사용자 반응과 분위기를 파악하는 데 댓글 데이터를 가져와 분석하는 이 실습이 아주 유용할 겁니다.

NOTE 댓글 가져오기를 앞선 실습과 함께 진행하지 않은 이유는 '지식채널e'의 900개가 넘는 동영상에 달린 댓글이 수십만 개에 달하기 때문입니다. 실습 마지막에 살펴봤지만 한 번의 데이터 요청으로 전체 API 사용량의 10%를 사용했으므로 댓글까지 다 수집하는 것은 한계가 있습니다. 여기서는 동영상 1개에 대해 댓글을 모두 수집하는 실습을 진행해봅니다.

01 바로 실습을 시작해봅시다. Youtube Data API v3의 API 키는 이미 있다고 가정하고 진행하겠습니다. 프롬프팅을 통해 얻는 코드를 보다 정확하게 하기 위해 유튜브 API 문서의 일부 정보를 챗GPT에게 제공하겠습니다. 유튜브 API 문서에서 [댓글 → list]에 있는 URL과 매개변수 문서를 복사합니다.

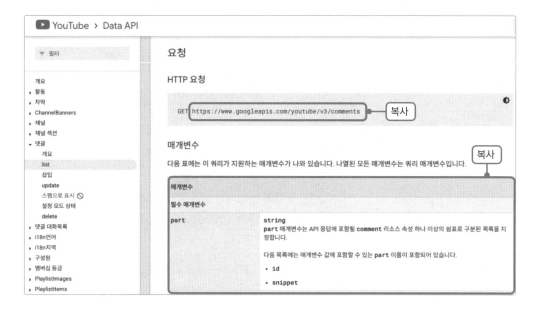

02 그런 다음 댓글 추출 대상이 될 동영상 링크를 선택합니다. 저는 '지식채널e'의 동영상 중 하나를 활용하겠습니다. 해당 영상의 댓글이 121개이므로 실습용으로 적절한 것 같습니다.

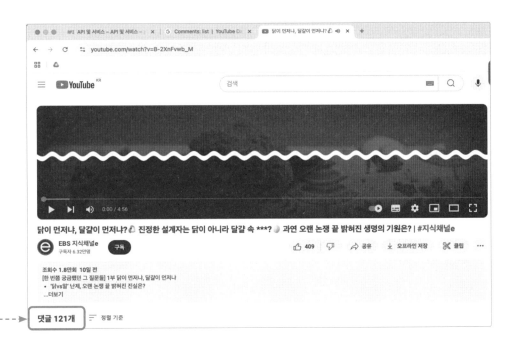

03 댓글을 추출할 유튜브 영상 URL과 관련 문서 정보를 준비했으므로, 다음과 같이 프롬프팅하면 됩니다.

챗GPT 딥시크

유튜브 API를 활용해 https://www.youtube.com/watch?v=B-2XnFvwb_M에 있는 모든 댓글과 댓글을 쓴 사람 아이디 모두 추출하는 파이썬 코드

- API 호출 URL : https://www.googleapis.com/youtube/v3/comments

- API 키 : AIzaSyCy_____JRXMSgMD0 ◀── 여러분의 API 키를 입력하세요

- 매개변수 :

<문서에서 복사한 매개변수 표 텍스트> ◀── 앞에서 복사한 매개변수 표 텍스트를 입력하세요

아래는 유튜브 API를 사용해 특정 비디오(https://www.youtube.com/watch?v=B-2XnFvwb_M)의 모든 댓글과 댓글 작성자 아이디를 추출하는 파이썬 코드입니다. 이 코드는 API 호출 URL, API 키, 필요한 매개변수를 사용해 작업을 수행합니다.

```
    … 생략 …
# 요청 매개변수
params = {
```

```
    "part": "snippet",
    "videoId": VIDEO_ID,                    과도한 API 요청을 피하기
    "key": API_KEY,                         위해 100개의 댓글만 추출
    "maxResults": 100,  # 한 페이지당 최대 100개 댓글 요청
    "textFormat": "plainText"
}
 ... 생략 ...
```

이번 코드 역시 깊게 살펴볼 것은 없지만 요청 매개변수인 maxResult를 100으로 설정한 점이 눈에 띕니다. 앞에서 이야기한 것처럼 과도한 데이터 요청을 피하기 위해 챗GPT가 적절히 조절한 것입니다.

04 코드를 실행하면 댓글을 잘 가져오는 것을 알 수 있습니다.

> 75. @ZB-xt2lp: 지금까지는 "닭"이 먼저라고 생각했습니다만 ... 어찌되었건 닭의 조상이 존재할 것 이고 그 조상이 낳은 알에서 병아리가 태어나 유전적 변화를 일으켜 닭이 되고 그 닭이 변형된 알을 낳을 테니 닭이 먼저일거라 생각했는데 자연에서 알을 만들 수 있는 세포를 보유하고 있었다고 하니 생각이 뒤집어졌네요
> 좋은 영상 감사합니다.
> 76. @KYLee-db2gw: 뭣이 중헌디
> 77. @iwillretrograde: 알의 외벽을 만들어 핵을 보호하는 게 유리했기 때문에 알로 낳게끔 진화했습니다고 하니.. 엄밀히 따지면 닭이 먼저겠죠. 즉 생명을 널리 퍼트리는 게 목적이니 닭이 먼저입니다. 알 이전엔 다른방식으로 번식해왔으니 무조건 닭이 먼저입니다.
> 78. @유느: 음 ...
> ... 생략 ...

간단하게 선택한 유튜브 영상의 모든 댓글을 추출하는 데 성공했습니다. 이번 실습이 댓글 이벤트를 하는 직장인에게 소소하지만 유용한 가이드가 되길 바랍니다.

(Chapter 22)

네이버 검색 쇼핑 사용해보기

이번에는 네이버 API 중에서 검색 〉쇼핑 API를 사용해보려고 해요. 네이버 쇼핑 검색을 빠르게 살펴보는 데 이만한 도구가 없다고 하던데, 어떻게 활용할 수 있나요?

선생님

네이버 쇼핑 API를 사용하면 특정 키워드를 검색해서 상품 정보, 가격, 판매처 같은 데이터를 가져올 수 있어요. 다만 하루 25,000건의 호출 제한이 있으므로 대량 데이터를 수집할 때는 주의해야 해요.

그러면 원하는 키워드로 검색한 뒤, 쇼핑 상품 목록을 받아와서 가격 비교나 트렌드 분석에 활용할 수 있겠네요?

선생님

맞아요! API를 통해 실시간 상품 데이터를 가져오면, 경쟁사 가격 분석이나 인기 상품 트렌드 조사 같은 작업을 자동화할 수 있어요. 이걸 활용하면 마케팅이나 시장 조사에도 큰 도움이 될 거예요.

이번에는 네이버 API 중 '검색 > 쇼핑'을 사용하겠습니다. 하루에 25,000건의 호출 제약이 있지만 네이버 쇼핑 검색을 빠르게 살펴보는데 이만한 도구도 없습니다. 그럼 바로 시작해봅시다.

01 네이버 '검색 > 쇼핑' API 문서를 확인하기 위해 다음 홈페이지에 접속하여 로그인합니다.

- **네이버 디벨로퍼 홈페이지** : bit.ly/4gkeBAk

02 네이버 API를 사용하려면 애플리케이션을 등록해야 합니다. Chapter 20 '유튜브 채널에 있는 모든 동영상 정보 가져오기'에서 프로젝트를 등록했던 과정과 같은 원리입니다. 위에 보이는 메뉴 중 [Application]에 마우스 오버를 한 다음 [애플리케이션 등록]을 누르세요.

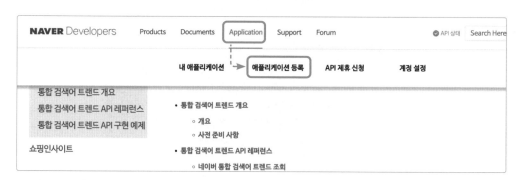

03 애플리케이션 등록 화면에서 ❶ 애플리케이션 이름을 입력합니다. 그런 다음 ❷ 사용 API 를 [검색]으로 선택하세요. ❸ 환경 추가는 [WEB 설정]을 선택하고 '웹 서비스 URL'에 ❹ http://127.0.0.1을 입력합니다. ❺ 모든 설정을 마쳤다면 [등록하기]를 선택하세요.

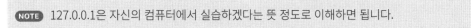

NOTE 127.0.0.1은 자신의 컴퓨터에서 실습하겠다는 뜻 정도로 이해하면 됩니다.

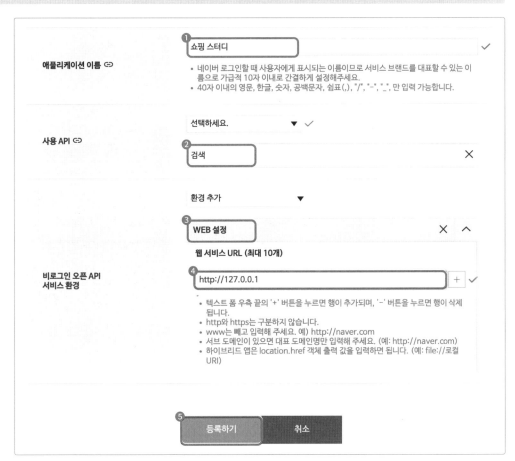

04 그러면 애플리케이션 이름과 함께 Client ID, Client Secret이 표시됩니다. Client ID와 Client Secret은 API 키와 비슷한 역할을 하므로, 이 값을 미리 복사해두세요. 그리고 그 아래에는 '비로그인 오픈 API 당일 사용량'이 보입니다. 하루에 1,000건까지만 사용할 수 있으므로 실습 도중 호출 제한이 걸릴 경우 사용량을 확인해보기 바랍니다.

05 이제 다시 '검색 〉 쇼핑' API 문서 홈페이지로 돌아갑니다. 문서를 보면 사전 준비사항에 ' 클라이언트 아이디와 클라이언트 시크릿을 발급받으라'고 합니다. 앞서 복사한 값과 함께 문서에 나온 API 명세대로 요청하면 됩니다.

06 스크롤을 더 내려서 '쇼핑 검색 결과 조회' 항목을 봅니다. 익숙한 문서가 보입니다. 프롬프트에 사용할 요청 URL과 파라미터를 복사하고, 필수 여부와 각 파라미터의 역할을 자세히 읽어봅니다. 이 정보가 어떻게 프롬프트를 작성할지에 대한 중요한 실마리가 될 것입니다.

요청 URL 🔗

요청 URL	반환 형식
https://openapi.naver.com/v1/search/shop.xml	XML
https://openapi.naver.com/v1/search/shop.json	JSON

파라미터 🔗

파라미터를 쿼리 스트링 형식으로 전달합니다.

파라미터	타입	필수 여부	설명
query	String	Y	검색어. UTF-8로 인코딩되어야 합니다.
display	Integer	N	한 번에 표시할 검색 결과 개수(기본값: 10, 최댓값: 100)
start	Integer	N	검색 시작 위치(기본값: 1, 최댓값: 1000)
sort	String	N	검색 결과 정렬 방법 - sim : 정확도순으로 내림차순 정렬 (기본값) - date : 날짜순으로 내림차순 정렬 - asc : 가격순으로 오름차순 정렬 - dsc : 가격순으로 내림차순 정렬
filter	String	N	검색 결과에 포함할 상품 유형 - 설정 안함 : 모든 상품(기본값) - naverpay : 네이버페이 연동 상품
exclude	String	N	검색 결과에서 제외할 상품 유형. exclude={option}:{option}:{option} 형태로 설정합니다(예: exclude=used:cbshop). - used : 중고 - rental : 렌탈

모두 복사

파라미터에서 필수 여부를 포함해 원하는 검색 조건에 맞게 다양한 파라미터를 프롬프팅에 사용해야 합니다. 저는 다음과 같은 파라미터를 사용하여 프롬프팅을 하려고 합니다.

- query : 핸드크림 → 요즘 선물하기 좋은 핸드크림은...?

- display : 100 → 100개만 볼까?

- start : 1 → 1페이지 검색 결과를 보자

- filter : naverpay → 네이버페이 되는 걸로 사자

07 이제 요청 URL, ClientID, ClientSecret, 그 외에 필요한 파라미터들을 활용하여 프롬프팅해봅시다.

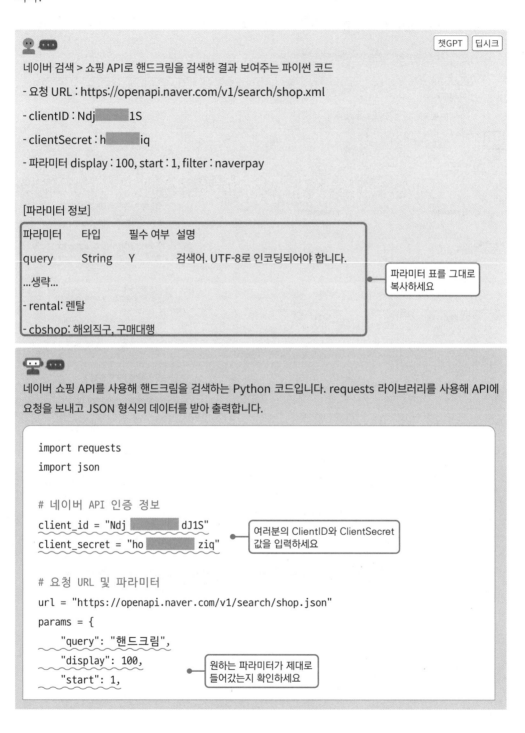

챗GPT   딥시크

네이버 검색 > 쇼핑 API로 핸드크림을 검색한 결과 보여주는 파이썬 코드
- 요청 URL : https://openapi.naver.com/v1/search/shop.xml
- clientID : Ndj███████1S
- clientSecret : h██████iq
- 파라미터 display : 100, start : 1, filter : naverpay

[파라미터 정보]

파라미터	타입	필수 여부	설명
query	String	Y	검색어. UTF-8로 인코딩되어야 합니다.

...생략...
- rental: 렌탈
- cbshop: 해외직구, 구매대행

파라미터 표를 그대로 복사하세요

네이버 쇼핑 API를 사용해 핸드크림을 검색하는 Python 코드입니다. requests 라이브러리를 사용해 API에 요청을 보내고 JSON 형식의 데이터를 받아 출력합니다.

```python
import requests
import json

# 네이버 API 인증 정보
client_id = "Ndj        dJ1S"
client_secret = "ho        ziq"

# 요청 URL 및 파라미터
url = "https://openapi.naver.com/v1/search/shop.json"
params = {
    "query": "핸드크림",
    "display": 100,
    "start": 1,
```

여러분의 ClientID와 ClientSecret 값을 입력하세요

원하는 파라미터가 제대로 들어갔는지 확인하세요

```
        "filter": "naverpay"
}

# 요청 헤더
headers = {
    "X-Naver-Client-Id": client_id,
    "X-Naver-Client-Secret": client_secret
}

# API 요청 보내기
response = requests.get(url, headers=headers, params=params)

# 응답 데이터 확인
if response.status_code == 200:
    data = response.json()
    print(json.dumps(data, indent=4, ensure_ascii=False))  # JSON 형식으로 출력
else:
    print(f"Error {response.status_code}: {response.text}")
```

08 결과를 보니 제대로 값을 가져온 것 같습니다. 이때 실제 네이버 쇼핑에서 검색한 결과와 조금
다를 수 있는데 이는 아마도 네이버 쇼핑이 기본적으로 '추천순'으로 정렬하여 보여주기 때문인
것으로 보입니다. '검색 〉쇼핑' API에서 선택할 수 있는 옵션은 정확도, 오름차순, 내림차순이
므로 실제 검색 결과와 차이가 있는 것은 API의 제공 방식에 따른 한계라고 볼 수 있습니다.

추천순 ⓘ · 낮은 가격순 · 높은 가격순 · 판매 많은순 · 리뷰 많은순 ⓘ · 신상품순 ⓘ ── 정확도 검색이 없음

📍 **박현규** (서울특별시 송파구) 도착기준   변경 〉

켄뷰 공식몰 공식 > 　광고ⓘ

[공식]뉴트로지나 시카핸
드크림 56gx3

나의 할인가 ~~23,700원~~

38% 14,500원 ⌄

🅽 도착보장 모레 2. 1.(토)

무료교환반품　무료배송

★ 4.82 · 리뷰 11,361

니베아 브... 공식 > 　광고ⓘ

아트릭스 스트롱 프로텍
션 핸드크림 75ml X 4개

나의 할인가 ~~22,000원~~

48% 11,250원 ⌄

🅽 도착보장 2. 3.(월)

무료교환반품　무료배송

★ 4.9 · 리뷰 10,874

헤트라스 공식 > 　광고ⓘ

헤트라스 퍼퓸 실키 촉감
핸드크림 50ml 5개입 ...

~~82,500원~~

57% 35,000원

무료교환반품　무료배송

★ 4.86 · 리뷰 193

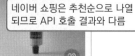

롱테이크 공식 > 　광고ⓘ

롱테이크 퍼퓸 핸드크림
선물 샌달우드 50ml

나의 할인가 ~~18,000원~~

57% 7,600원 ⌄

무료배송

★ 4.86 · 리뷰 1,443

> 네이버 쇼핑은 추천순으로 나열
> 되므로 API 호출 결과와 다름

슈퍼적립

논픽션 공식 >　　 광고+

[스퀴저증정] 논픽션 젠
틀나잇 핸드크림 100ml

나의 할인가 ~~38,000원~~

5% 36,100원 ⌄

최대 4,784원 포인트 적립

무료배송

★ 4.93 · 리뷰 189

록시땅코리아 공식 >

[기프트] 시어 버터 핸드
크림 & 스틱 립 밤 듀오

나의 할인가 ~~34,000원~~

17% 28,070원 ⌄

무료배송

★ 4.87 · 리뷰 1,315

tamburins 공식 >

[선물포장] 탬버린즈 퍼
퓸 핸드크림 미니 듀오 ...

35,000원

무료배송

★ 4.89 · 리뷰 862

피기드람샵 >

[선물포장 당일발송] 이
솝 핸드크림 에이솝 레...

~~39,000원~~

20% 31,000원

배송비 3,500원

★ 4.88 · 리뷰 2,779

---

1. [선물포장] 탬버린즈 퍼퓸 핸드크림 미니 듀오 세트 (CHAMO+VEIN) - 35000원
   링크: https://smartstore.naver.com/main/products/10002960083
2. [기프트] 시어 버터 핸드크림 & 스틱 립 밤 듀오 - 30600원
   링크: https://smartstore.naver.com/main/products/6137205512
 … 생략 …
   링크: https://smartstore.naver.com/main/products/6315706508
10. 1+1 메르헨트 바세린 핸드크림 500ml 핸드로션 대용량 고보습 향좋은 퍼퓸 -
11900원
   링크: https://smartstore.naver.com/main/products/10662947118
   … 생략 …

09 아무튼 검색 결과 100개를 받았으므로 이를 활용하여 더 의미 있는 작업을 해보겠습니다. 여러분이 핸드크림을 판매하는 마케터라면 이 데이터로 무엇을 해볼 수 있을까요? 먼저 데이터를 정돈된 상태로 보기 위해 엑셀로 저장합니다. 그런 다음 API 호출 시 페이지 수를 1부터 5까지 늘려서 더 많은 데이터를 받아봅시다. display를 100으로 고정하고 start를 1, 101, 201, 301, 401로 설정하면 총 500개의 데이터를 받을 수 있겠죠? 문맥을 살려서 다음과 같이 프롬프팅합시다.

챗GPT 딥시크

display를 100으로 고정하고 start를 1, 101, 201, 301, 401로 순서대로 설정해 query 핸드크림에 대한 결과를 엑셀 파일로 저장

아래 코드는 네이버 쇼핑 API를 사용해 "핸드크림" 검색 결과를 가져와 start값을 1, 101, 201, 301, 401로 변경하며 총 500개(100개 × 5회 요청)의 데이터를 수집하고, 엑셀 파일로 저장하는 코드입니다.

```python
import requests
import pandas as pd

# API 요청 정보
url = "https://openapi.naver.com/v1/search/shop.json"
client_id = "Ndj          S"
client_secret = "h          iq"

# 검색 파라미터
query = "핸드크림"
display = 100
start_values = [1, 101, 201, 301, 401]  # 각 요청의 시작 위치

# API 요청 헤더
headers = {
    "X-Naver-Client-Id": client_id,
    "X-Naver-Client-Secret": client_secret
}

# 결과 저장할 리스트
results = []
```

> 여러분의 ClientID,
> ClientSecret을 입력하세요

```python
# API 요청 반복
for start in start_values:
    params = {
        "query": query,
        "display": display,
        "start": start,
        "sort": "sim",
        "filter": "naverpay"
    }

    response = requests.get(url, headers=headers, params=params)

    if response.status_code == 200:
        data = response.json()
        for item in data["items"]:
            results.append({
                "상품명": item["title"],
                "가격": item["lprice"],
                "구매 링크": item["link"],
                "이미지 URL": item["image"]
            })
    else:
        print(f"API 요청 실패 (start={start}):", response.status_code,
response.text)

# 데이터프레임 생성
df = pd.DataFrame(results)

# 엑셀 파일로 저장
excel_filename = "handcream_results.xlsx"
df.to_excel(excel_filename, index=False)

print(f"✓ 데이터 {len(df)}개가 {excel_filename} 파일로 저장되었습니다.")
```

10 코드를 실행하면 다음과 같이 500개의 핸드크림 정보가 있는 엑셀 파일을 얻을 수 있습니다.

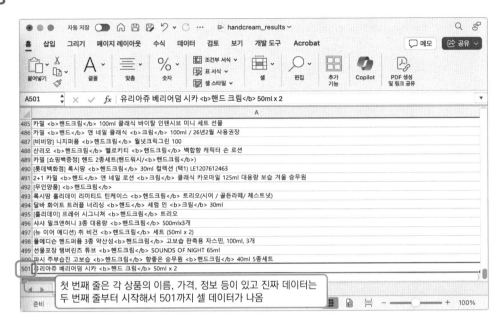

첫 번째 줄은 각 상품의 이름, 가격, 정보 등이 있고 진짜 데이터는
두 번째 줄부터 시작해서 501까지 셀 데이터가 나옴

11 이제 이 데이터를 챗GPT에게 분석하도록 요청해봅시다. 가격대 범위에 따른 상품 분포를 분석하도록 지시하고, 그래프는 영어로 표시하도록 설정하여 프롬프팅합니다.

NOTE 챗GPT는 한글 폰트 파일이 없으므로 그래프의 한글을 표시할 때 깨지는 현상이 있습니다. 여러 방법으로 해결할 수 있지만 이번 실습에서는 핵심 내용이 아니므로 영어로 표시하도록 설정했습니다.

챗GPT 딥시크

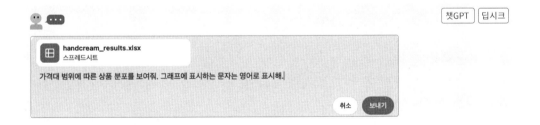

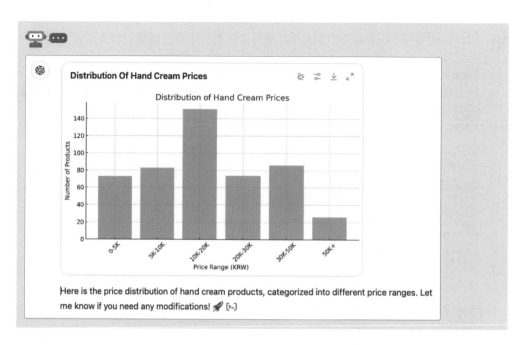

Here is the price distribution of hand cream products, categorized into different price ranges. Let me know if you need any modifications! 🚀 [>-]

그러면 가격대가 0~0.5만 원, 0.5~1만 원, 1~2만 원, 2~3만 원, 3~5만 원, 5만 원 이상으로 구분한 그래프를 보여줍니다. 그래프를 살펴보니 1~2만 원 대의 상품이 가장 많은 것 같네요. 140개가 넘는 상품이 이 가격대에 분포하고 있습니다.

12 힌트를 얻었으니 해당 데이터만 추출해 다시 받아봅시다.

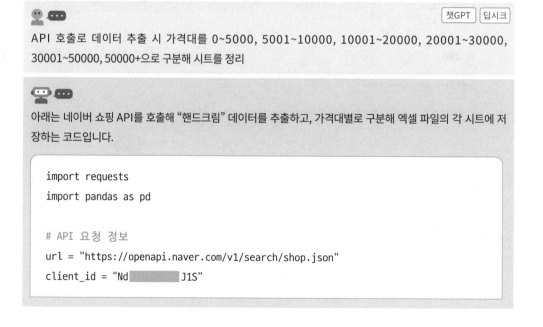

챗GPT | 딥시크

API 호출로 데이터 추출 시 가격대를 0~5000, 5001~10000, 10001~20000, 20001~30000, 30001~50000, 50000+으로 구분해 시트를 정리

아래는 네이버 쇼핑 API를 호출해 "핸드크림" 데이터를 추출하고, 가격대별로 구분해 엑셀 파일의 각 시트에 저장하는 코드입니다.

```
import requests
import pandas as pd

# API 요청 정보
url = "https://openapi.naver.com/v1/search/shop.json"
client_id = "Nd          J1S"
```

```python
client_secret = "h          iq"

# 검색 파라미터
query = "핸드크림"
display = 100
start_values = [1, 101, 201, 301, 401]  # 각 요청의 시작 위치

# API 요청 헤더
headers = {
    "X-Naver-Client-Id": client_id,
    "X-Naver-Client-Secret": client_secret
}

# 결과 저장할 리스트
results = []

# API 요청 반복
for start in start_values:
    params = {
        "query": query,
        "display": display,
        "start": start,
        "sort": "sim",
        "filter": "naverpay"
    }

    response = requests.get(url, headers=headers, params=params)

    if response.status_code == 200:
        data = response.json()
        for item in data["items"]:
            results.append({
                "상품명": item["title"],
                "가격": int(item["lprice"]),
                "구매 링크": item["link"],
                "이미지 URL": item["image"]
            })
```

```python
        else:
            print(f"API 요청 실패 (start={start}):", response.status_code,
response.text)

# 데이터프레임 생성
df = pd.DataFrame(results)

# 가격대 범위 설정
price_ranges = {
    "0-5K": (0, 5000),
    "5K-10K": (5001, 10000),
    "10K-20K": (10001, 20000),
    "20K-30K": (20001, 30000),
    "30K-50K": (30001, 50000),
    "50K+": (50001, float("inf")),
}

# 가격대별 데이터 분류
sheets = {}
for range_name, (low, high) in price_ranges.items():
    sheets[range_name] = df[(df["가격"] ≥ low) & (df["가격"] ≤ high)]

# 엑셀 파일로 저장 (각 가격대별 시트에 저장)
excel_filename = "handcream_price_ranges.xlsx"
with pd.ExcelWriter(excel_filename, engine="openpyxl") as writer:
    for sheet_name, sheet_df in sheets.items():
        sheet_df.to_excel(writer, sheet_name=sheet_name, index=False)

print(f"✓ 데이터가 가격대별로 {excel_filename} 파일에 저장되었습니다.")
```

13 가격대별로 범위가 설정되어 시트를 분리한 엑셀 파일이 저장됩니다.

14 그러면 조금 더 의미 있는 데이터를 분석해볼까요? 가장 많은 상품이 포함된 10K-20K 시트에서 상품명에 가장 자주 등장하는 키워드가 무엇인지 챗GPT에게 분석을 요청합니다.

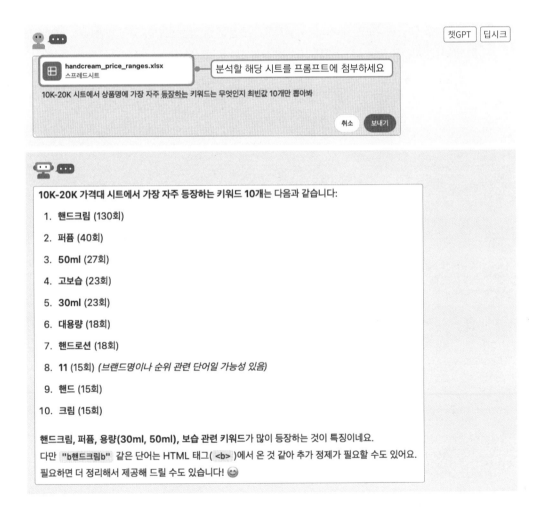

네이버 '검색 〉 쇼핑' API를 활용하여 대용량의 데이터를 조회해 가장 자주 사용된 키워드를 분석하고, 어떤 가격대의 상품이 가장 많은지 빠르게 조사할 수 있었습니다. 만약 API가 없었다면 수작업으로 진행해야 했을 테니 많은 시간과 비용이 들었겠죠?

📋 마무리 요약

개념 복습하기

- ☑ 네이버 API는 애플리케이션 등록이라는 과정을 거쳐야 API를 활용할 수 있습니다.
- ☑ 사이트마다 API를 활용할 수 있는 방식이 다릅니다. 서버에서 데이터 요청에 제약을 두어 부하를 줄이고, 적합한 사용자에게 데이터를 제공하기 위한 방편으로 생각하면 됩니다.
- ☑ API 문서를 잘 들여다보면 데이터를 효율적으로 요청할 수 있는 방법이 많이 있습니다. API 활용에 익숙해지면 시간을 들여 API 문서를 자세히 살펴보기 바랍니다.

이게 되네?

PART
04

내가 작성한 크롤링 코드!
매일 실행하려면?

여기서 공부할 내용

크롤링 코드를 완성했다면 아마도 '편하기는 한데... 이걸 매일 실행해야 하나...?'라는 생각이 들었을 겁니다. PART 04 '내가 작성한 크롤링 코드! 매일 실행하려면?'에서는 윈도우, macOS 각각 스케줄링 방식이 다르므로 2가지 방법을 모두 소개합니다.

윈도우 스케줄러로 크롤링 코드 매일 실행하기

작업을 자동으로 실행하고 싶은데, 어떻게 하면 될까요? 매번 수동으로 실행하는 게 번거로워요.

선생님

윈도우의 작업 스케줄러를 사용하면 원하는 시간이나 조건에 맞춰 자동으로 실행할 수 있어요.

작업 스케줄러요? 기본 프로그램인가요?

선생님

네, 윈도우에 기본적으로 포함된 프로그램이에요. 쉽게 말하면 특정 시간이나 이벤트가 발생했을 때 미리 설정한 프로그램이나 스크립트를 자동으로 실행해 주는 도구죠.

그렇군요! 그러면 사용법이 복잡한가요?

선생님

처음엔 조금 낯설 수 있지만, 기본적인 작업을 설정하는 건 어렵지 않아요. 예를 들어, 특정 시간에 스크립트를 실행하려면 작업 만들기 기능을 이용하면 돼요. 한 번 따라해볼까요?

작업 스케줄러는 윈도우 기본 프로그램으로 일정에 따라 다양한 작업을 자동화할 수 있는 프로그램입니다.

01 작업 스케줄러는 윈도우에서 [검색] 메뉴를 이용하면 바로 사용할 수 있습니다. [검색]에서 '작업 스케줄러'를 검색하여 프로그램을 실행하세요.

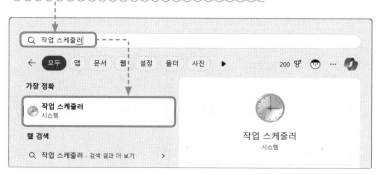

02 그러면 작업 스케줄러의 기본 화면이 보입니다. 오른쪽에 보이는 [작업] 탭에서 [기본 작업 만들기...]를 누르세요.

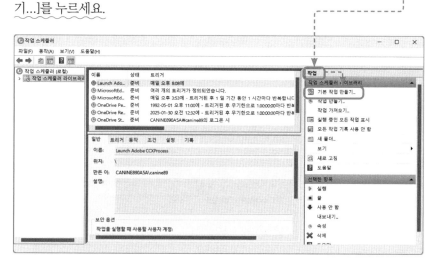

03 그러면 기본 작업 만들기 마법사가 열립니다. [기본 작업 만들기 → 트리거 → 작업 → 마침] 순서로 다음 그림을 참고하여 연습 삼아 작업 스케줄러 사용법을 익혀봅시다. '기본 작업 만들기'에서는 작업의 이름과 설명을 자유롭게 입력하고 [다음]을 누르세요.

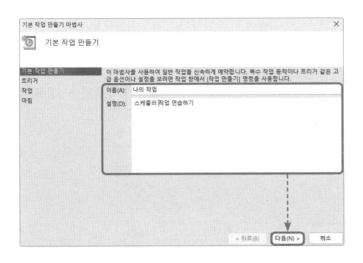

04 '트리거'는 여러분이 설정한 작업의 실행 시점을 결정합니다. 옵션을 보면 굉장히 다양합니다. 테스트를 위해 한 번만 실행해볼 것이므로 [한 번]을 선택하고 [다음]을 누릅니다. 그러면 설정한 작업을 언제 실행할 것인지에 대한 구체적인 시간을 설정할 수 있습니다. 시간 설정 후 [다음]을 누르세요. 이때 실습 결과를 바로 확인할 수 있도록 현재 시간에서 약 5분 뒤로 설정하세요.

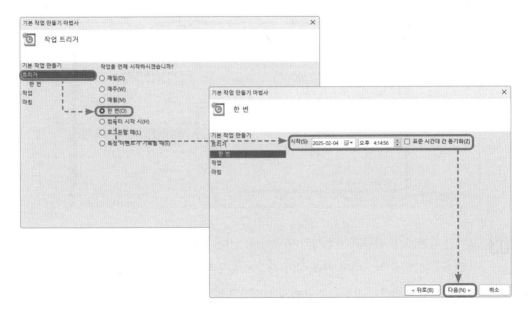

05 이제 세 가지 동작 중 하나를 선택할 수 있습니다. 우리는 직접 만든 크롤링 프로그램을 실행하는 것이 목적이므로, [프로그램 시작]을 선택합니다.

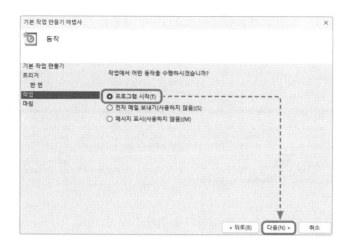

06 ❶ '프로그램/스크립트'에는 파이썬 실행 파일의 경로를 입력해야 합니다. 윈도우 파워셸 프로그램을 실행한 후, 다음 명령어 python -c "import sys; print(sys.executable)"를 입력하면 python이 설치된 실제 경로를 확인할 수 있습니다. 그 값을 복사해서 '프로그램/스크립트'에 붙여넣으세요.

> **NOTE** 파이썬 명령어 위치란, 우리가 코드를 실행할 때 python testcode.py라고 입력했던 python의 진짜 위치를 의미합니다.

❷ 인수 추가에는 실행할 파이썬 파일 이름을 입력합니다. 여기서는 testcode.py를 실행할 것이므로 그 값을 입력했습니다.

❸ 시작 위치는 파이썬 파일이 저장되어 있는 폴더의 위치를 입력합니다.

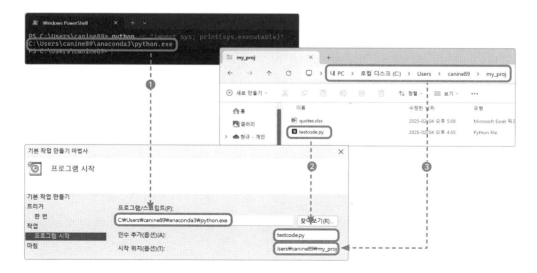

07 [다음]을 누르고 [마침]을 클릭하면 작업 스케줄러의 라이브러리를 눌렀을 때 가운데 화면에 여러분이 등록한 작업이 표시됩니다.

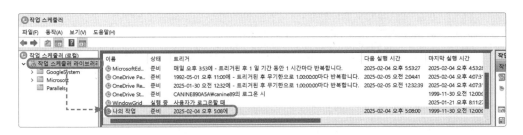

08 작업 실행 시간을 기다리면 프로그램이 자동으로 실행되고 결과도 생성되었을 겁니다. 실행한 파일인 testcode.py에 명언 페이지를 모두 크롤링하여 엑셀 파일로 저장하는 코드를 작성해두었습니다. 시간이 지나니 자동으로 파일이 생성되는 것을 확인할 수 있습니다.

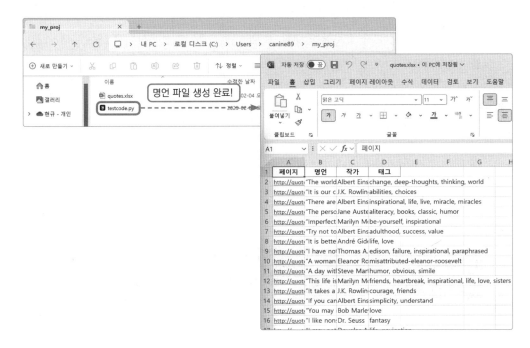

macOS crontab으로 크롤링 코드
매일 실행하기

macOS에서는 crontab을 사용하여 특정 명령을 주기적으로 실행할 수 있습니다. 이는 윈도우 작업 스케줄러와 동일한 역할을 하지만 윈도우 작업 스케줄러는 UI 기반 프로그램이고, crontab은 명령어 기반 프로그램이라는 차이가 있습니다. 결국 핵심은 특정 명령어를 주기적으로 실행하는 것이므로 이 점에 유의하여 실습해봅시다.

01 crontab은 macOS에 기본으로 설치되어 있으므로 바로 사용할 수 있습니다. 터미널에서 다음 명령어를 입력하면 crontab 편집기가 실행됩니다.

02 crontab 편집기에서는 텍스트 입력, 수정과 파일 저장 작업을 모두 키보드로만 할 수 있습니다. 텍스트를 수정하려면 **i**를 누르면 됩니다. **i**를 누르면 화면 아래에 '--INSERT--'라고 표시되는 것을 볼 수 있습니다. 이 상태에서 화살표 상하좌우 키, `Space`, `Enter` 등을 이용하여 커서를 이동하면서 텍스트를 수정할 수 있습니다.

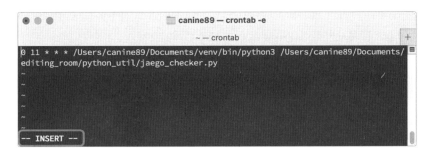

03 그런 다음 시간 영역, 실행 주체가 될 파이썬 영역, 실행 파일 영역을 구분하여 입력합니다. 먼저 시간 영역을 입력합시다. 시간 영역은 총 5개의 값을 띄어쓰기로 구분하여 입력하며, 각 의미는 다음과 같습니다.

- 분(Minute) : 0~59(해당 분에 실행)

- 시(Hour) : 0~23(해당 시간에 실행)

- 일(Day) : 1~31(해당 날짜에 실행)

- 월(Month) : 1~12(해당 월에 실행)

- 요일(Day of the week) : 0~7(일요일 = 0 또는 7, 월요일 = 1, 화요일 = 2, ..., 토요일 = 6)

이때 각 영역에 *을 입력하면 '항상' 실행됨을 의미합니다. 예를 들어, 0 9 * * *라고 입력하면 매일 오전 9시에 실행하는 옵션을 설정할 수 있습니다.

04 그다음은 실행 주체인 파이썬의 위치를 입력해야 합니다. 시간 영역 입력 후 띄어쓰기를 한 다음 파이썬 위치를 입력합니다. macOS에 설치된 파이썬의 위치는 터미널에서 'which python3'를 입력하면 알 수 있습니다.

```
> which python3
/opt/homebrew/bin/python3
```

이 값을 그대로 crontab 편집기에 복사하고 붙여넣기로 입력합니다. 만약 가상환경을 사용 중이라면 가상환경 위치의 python3 위치를 지정하세요.

> **NOTE** 여기서는 가상환경 위치를 /Users/canine89/Documents/venv/bin/python3를 입력했습니다. 가상환경에 대한 설명은 이 책에서 다룰 내용은 아니므로 생략했습니다.

05 마지막으로 실행할 파이썬 파일의 위치를 입력해야 합니다. 파일 위치를 쉽게 확인하는 방법은 ❶ finder에서 실행할 파이썬 파일을 오른쪽 클릭한 다음 ❷ [정보 가져오기]를 선택하고 ❸ 경로를 복사하면 됩니다. 복사한 값을 crontab 편집기에 붙여넣으세요.

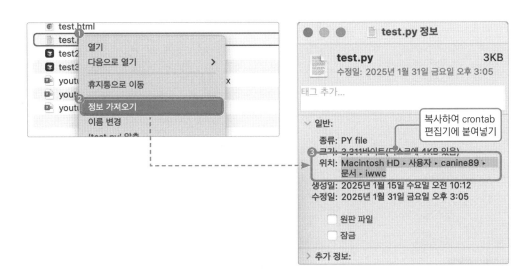

06 crontab 수정이 끝났으면 ① `Esc` 를 눌러 입력 상태에서 벗어나세요. 그런 다음 ② 키보드에서 [:]를 입력하고 wq를 입력합니다. 마지막으로 `Enter` 를 눌러 저장하고 종료합니다.

이렇게 하면 여러분이 설정한 시간 주기에 따라 파이썬 파일이 자동으로 실행됩니다. 크롤링 코드를 주기적으로 실행하여 업무 효율성과 생산성을 더욱 높여보세요!

이게 되네?

챗GPT 미친 크롤링 24제

코드 몰라도 OK! 이걸 긁네? 소상공인24, 청약, 항공권, 기출문제부터 알리,
유튜브 댓글까지 모조리 긁어오는 데이터 수집과 GPTs 업무 자동화

1판 1쇄 발행 2025년 4월 20일

지은이 박현규
펴낸이 최현우 · **기획** 최혜민 · **편집** 박현규, 김성경, 최혜민
디자인 박세진, SEMO · **조판** SEMO
마케팅 오힘찬 · **피플** 최순주

펴낸곳 골든래빗(주)
등록 2020년 7월 7일 제 2020-000183호
주소 서울 마포구 양화로 186 LC타워 4층 449호
전화 0505-398-0505 · **팩스** 0505-537-0505
이메일 ask@goldenrabbit.co.kr
홈페이지 www.goldenrabbit.co.kr
SNS facebook.com/goldenrabbit2020

ISBN 979-11-94383-24-6   93000

* 파본은 구입한 서점에서 바꿔드립니다.

우리는 가치가 성장하는 시간을 만듭니다.

골든래빗은 가치가 성장하는 도서를 함께 만드실 저자님을 찾고 있습니다.
내가 할 수 있을까 망설이는 대신, 용기 내어 골든래빗의 문을 두드려보세요.
apply@goldenrabbit.co.kr

골든래빗
바로가기